清末民初文獻叢刊

東游叢録

［清］吴汝綸　著

朝華出版社
BLOSSOM PRESS

圖書在版編目（CIP）數據

東游叢録 / (清) 吴汝綸著. -- 北京 : 朝華出版社,
2018.9
（清末民初文獻叢刊）
ISBN 978-7-5054-4312-9

Ⅰ. ①東… Ⅱ. ①吴… Ⅲ. ①教育事業－史料－日本
－近代 Ⅳ. ①G531.39

中國版本圖書館CIP數據核字(2018)第174135號

東游叢録

作　　者 ［清］吴汝綸

選題策劃 楊麗麗　尚論聰
責任編輯 劉小磊
特約編輯 齊　芳
責任印制 張文東　陸競贏
封面設計 劉敬偉

出版發行 朝華出版社
社　　址 北京市西城區百萬莊大街24號　　郵政編碼 100037
訂購電話 （010）68996618 68996050
傳　　真 （010）88415258（發行部）
聯系版權 j-yn@163.com
網　　址 http://zhcb.cipg.org.cn
印　　刷 藝堂印刷（天津）有限公司
經　　銷 全國新華書店
開　　本 880mm×1230mm 1/32　　字　　數 150千字
印　　張 19.25
版　　次 2018年9月第1版　2018年9月第1次印刷
裝　　別 精
書　　號 ISBN 978-7-5054-4312-9
定　　價 145.00元

出版前言

中國自一八四〇年鴉片戰争以來，傳統的農業文明在西方的堅船利炮轟擊之下徹底被顛覆，有擔當的知識分子苦苦追尋，思索社會改革的途徑。從最初的『師夷長技以制夷』到『民主制度，天下之公理』（梁啓超語），他們發現要『强國富民』，首先要『開啓民智』，衹有民衆擁有了獨立思想和批判精神，國家纔能實現真正的强大。在此後一百年的時間裏（一八四〇——一九四九），思想者們從社會變革深入到國民性的改造，用每一部作品見證着中國近代化的遞變歷程。這是一個極其重要的時代，《清末民初文獻叢刊》正是收録了這一時期的作品，大部分書籍都是早期版本，有着極高的文獻研究價值。

清末的中國經歷了『三千年來未有之大變局』（李鴻章語），大清王朝面對西方列强的艦炮，表現得驚慌失措。尤其是鴉片戰争，使『天朝帝國萬世長存的迷信受到了致命的打擊，野蠻的、閉關自守的、與文明世界隔絶的狀態被打破了』（《馬克思恩格斯選集》）。一批士大夫知識分子，尤其是在歐美諸國擔任使臣或者游歷的知識分子最先覺醒，着眼于對西方國家的考察，進而反省本國政治制度的劣勢，可以視作『啓蒙』的端倪。如曾擔任駐英公使（兼任駐法公使）的郭嵩燾在《使西紀程》中以日記的形式記録了自己對歐西諸國的觀感，他在考察了英國的政治制度之後，發現英國政府官員收入超過三百磅者與普通老百姓一樣同等納税，他說：『此法誠善，然非民主之國，則勢有所不行。西洋所以享國長久，君民兼主國政故也。』他明確提出了『民主』，在國家的管理問題上，人民也有參與的權利。他在該書中所披露的西方政治、經濟、文化等領域優于大清帝國這一事實觸動了保守派的神經，立刻遭到保守派群起而攻之，進士何金壽彈劾他『有二心于英國，欲中國臣事之』，他家鄉湖南的民衆對他更是痛加詆毀，以至于滿城揭帖，誣蔑他『溝通洋人』，在這種群情洶洶的情況下，朝廷最後下旨將《使西紀程》毀版，從而使該書成了禁書。然而，書雖被毀版，却不能堵死民衆的傳播與閲讀的途徑，上海的《萬國公報》依舊連載該書，張佩綸曾說：『朝廷禁其書，而新聞紙接續刊刻，中外傳播如故也。』從某種意義上來說，啓蒙是時代的需要，盡管清政府發諭旨禁了該書，民衆乃至一些朝廷大員却依舊在私下閱讀，以便瞭解外部的世界。進步的社會是開放性的，任何企圖『閉關鎖國』的努力都意味着歷史的倒退，祇有開放，與整個世界文明保持同等的步伐，纔能實現真正的强國之夢。當大批知識分子走出閉鎖的國門，親歷了文明的洗禮之後，也就把啓蒙的智識帶回了中華大地。容閎的《西學東漸記》，梁啓超的《新大陸游記》，崔國因的《出使美日秘日記》等一大批作品介紹了海外諸國的政治、經濟、軍事、外交、文化。雖然這些作品在認識上仍然帶有時代的局限性，然而却是那時最爲珍貴的聲音。

另一方面，在學術上，中國文化母體内『經世致用』思想與資産階級思想相結合，也喚起了變革，以康有爲、梁啓超爲首的改良派試圖通過自上而下的革新以實現變革。康有爲的《新學僞經考》《孔子改制考》就是借經學之表論資産階級學説之裏的著作，康有爲的弟子梁啓超更是通過《新民説》一書提出國民性改造。與早期啓蒙者『師夷長技』的器物文明引進不同，梁啓超上升到形而上的精神領域，從文化心理上更加徹底地進行變革。梁氏是清朝末年到民國初年一個橋梁式的人物，被譽爲『輿論之驕子，天縱之文豪』，其影響力不但在學術領域，同時還在文學領域，他所倡導的『詩界革命』得到了譚嗣同、黄遵憲、丘逢甲等人的響應，黄遵憲的《日本雜事詩》，丘逢甲的《嶺雲海日樓詩鈔》都體現了這種主張。這一主張要求反映新的時代和新的思想，用『我手寫我口』（黄遵憲語）的方式直抒胸臆，對長期占詩壇主流的擬古主義、形式主義産生了巨大的衝擊，解放了寫作者的心靈和頭腦。

與社會變革同步的是早期對西方思想著作的翻譯，這裏面影響最大的是嚴復，他翻譯的《天演論》《社會通詮》等書直接孕育了民國一代的知識階層。魯迅、胡適等人在文章中都曾提到《天演論》對他們思想所産生的震撼。與嚴復略有不同的另一位翻譯家是林紓，他的譯作雖然參差不齊，但却在更細膩的心靈層次對讀者産生影響，許壽裳曾回憶，他和魯迅都熱衷于林譯的小説，如《巴黎茶花女遺事》《黑奴籲天録》《迦茵小傳》等作品。

辛亥革命之後，進步社會思潮成爲主流，比之清末思想啓蒙者『求存』的追求，民國以來的知識階層深入到了更加細微的肌理，一方面呼喚社會變革，另一方面進行點滴的建設，革命并不能使所有的一切一蹴而就，在更加深廣的領域，事物的改變是由微觀而宏觀。通俗地説，比之于革命，建設的意義更大。如《中國商業史》《中國教育史》《中國倫理學史》《中國哲學史大綱》《中國小説史略》等一大批作品都是進行系統的梳理與建設的理論作品。其中，以胡適和魯迅二人的影響最大，他們的作品一紙風靡，從而成爲新文化運動的主力人物。

《清末民初文獻叢刊》收録的文獻大致上可以分爲三個階段，其中龔自珍、張之洞、魏源、郭嵩燾、薛福成等人的作品可視爲『早期啓蒙』，康有爲、梁啓超、黄遵憲、嚴復、林紓等人的作品可視爲『中期啓蒙』，胡適、魯迅、蔡元培等人的作品可視爲『晚期啓蒙』。當然，這種劃分并非嚴格意義上的，大部分啓蒙思想者隨着時代的變化，其思想在不斷進步。縱觀整個近現代史，可以發現，要求變革不是在某一個領域，由某一類人發起和完成的，而是全社會的要求。

變革，已經成爲全社會的共識。

從清末民初的文獻中，我們能够發現一種豐富性。這些作品涉及政治、經濟、軍事、教育、外交、宗教、心理、情感等方方面面，從内而外地净化着中國兩千年以來的封建積習。它不衹是對社會的改造，更是對人心靈的重塑；它首重國家社會之建設，同時亦重靈魂心智之喚醒；它是宏大的，也是微觀的；它是嚴肅莊重的，也是活潑靈動的；這些作品結構精巧，思想内容深刻，擁有濃厚的人文主義色彩，對推動社會主義建設，實現中國夢有重大意義，是近現代中國一百年來最宏富的智識與情感的寶藏。因此，整理這些文獻作品，無論是出于資料保存的目的，還是爲圖書館提供資料副本，都有不可估量的意義。

特定時代下的文獻，當它一旦形成（既指草擬，創作的完成，也指其成爲一個載體），就不可再複製了，也就意味着它將面對消亡。對于文獻資料而言，越接近歷史事件發生的時代記録，越具有研究價值。文獻本身具有不可再生性，它衹會消亡，而不會增多。盡管文獻本身的文字可以保留下來，并進行傳播，却失去了當時的時代氣息。當時的作品可能在技巧上，文字的成熟度上不及當代，但它所負載的信息，創作者的情感都反映了當時的歷史，也就是説，它具有不可替代的歷史意義。

影印的版本有三個特點，第一是擁有文獻的『原始性』；第二個特點是『未經改動的』；第三個特點是『歷史的原貌』。所謂『原始性』，也就是説，它是第一手資料，而非轉述的，回憶形成的；『未經改動的』，是指未被篡改、删節、挖補的；『歷史的原貌』是指在影印製作過程中，完全依照文獻的原來模樣……這樣製作出版的作品，無异延續了文獻的壽命。

近現代思想史上的一個最重大的思潮就是『開放』，從林則徐的『開眼看世界』到蔡元培的『兼容并包』，都是在倡導一種開放式的胸襟。而《清末民初文獻叢刊》最有魅力的部分就是『開放』這一主題，祇有融入到世界文明發展的進程中，中華文明纔能歷久彌新。

《清末民初文獻叢刊》編委會

二〇一七年四月十四日

凡例

一、《清末民初文獻叢刊》（以下簡稱『叢刊』）爲影印本，舉凡所用之底本，均爲該書之早期版本。有清末刊本，亦有民國印本。

二、《叢刊》均依底本影印，未予删改，僅代表作者個人觀點，不代表官方立場；原刊本有誤，不予校改，以保留文獻之原貌。

三、《叢刊》所用之底本，因時日久遠存在漫漶的情況，均進行了修復；底本闕文、印刷不清，均保留原貌。

四、爲讀者閱讀之便，《叢刊》中之舊底本目録未標記頁碼者，編了目次；原底本有頁碼和目録，未予重複編目。

五、爲保持文獻的原始風貌，影印本保留了原書書影（原書爲多册，則保留第一册書影）、扉頁等信息。所用底本無相應信息者，則不予妄添，以免錯訛。

目録

東遊叢錄

吴汝綸著

東來三月考覽日本學制

未能詳其精奧今歸

國擬先過皖因纂錄文

部所講及遊覽日記為

學校所贈圖表閒附一二

以備採擇其教育家談
錄學士大夫時惠書札見教
亦頗集入卷中有遺蔽者
不能悉載將付門徒使代呈
管學大臣云 吳汝綸記

大清光绪廿八年九月

東游叢錄目次

高等學校豫備科課程表

都二十八篇

東游叢錄一

章宗祥吳振麟張奎等口譯吳汝綸筆受

文部所講

教育行政

幼稚園未滿。亦可入尋常小學。緣幼稚園可入可不入。至小學。則人人不可不入也。

尋常小學卒業後。高等小學。亦可入可不入。

高等小學二年卒業。可入中學校。及高等女學校。

高等學校。乃是豫備入大學。

大學年限。多者可住八年。

尋常小學高等小學．其敎習均是師範學校造成．

由高等小學卒業後．在外用功．考取爲師範生．

中學校高等女學校．其敎習是高等男女師範學校造成．中學校卒業．可入專門學校．如欲學醫．入醫學校．醫學分二門．一醫學．一藥學．醫學四年．藥學三年．如入外國語學校．四年卒業．豫科一年．正科三年．如學美術．在五年中學卒業之後．不必入豫科．如中學未滿五年．則豫科一年．正科三年．

農學工學卒業後．如欲求精．可爲大學農工學卒業生之助手．如無進取之志．卽卒業後可自由．

音樂學校雖中學未卒業亦可入。 師範學校亦可入。 尋常小學校卒業後。如欲學農。可入乙種農學校。如欲學小工。可入徒弟學校。六个月亦可卒業。久者可三年。如學商。可入乙種商學校。

實業補習學校。尋常小學未卒業亦可入。一面學農工商學。一面補習尋常小學之義務課程。

高等小學卒業後。可入甲種農商學校。及工學校。此三者即實業學校

以上教育制度

政治分三種。一立法。二司法。三行政。 學制爲文部大臣行政機括。

教育法令分二種。一由內閣擬定天皇許可。文部施行。一由天皇勅命。

文部施行。

全國學校通歸文部。凡三府四十三縣一道廳。竝臺灣府。難以一規制治之。郡長町村長。皆有管理教育之責。

小學爲町村之義務。師範學校必府縣立。中學校高等女學校或縣或府管理。其郡町村亦可設立。

農工商三種學校最要。政府必欲其發達。郡市町村能設立聽之。不能設立者不强。

醫科及各高等專門學校。皆政府用國帑設立。府縣郡市町村能設立者聽之。

學校有政府設立。有府縣郡市町村設立。皆歸文部。非一人所能綜理。襄助大臣者。有總務長官一人。局長三人。局長下有參事官。有書記官。此外有視學官。有建築技師及小屬官。　總務長官。襄助文部大臣一切職務。外有官房長。爲文部大臣管理機要事件。其局長三人。一管專門學務專門學校高等學校大學校。一管普通學務尋常高等小學校中學校高等女學校師範學校。一管實業學校乙種農商學校徒弟學校甲種農商學校高等工業學校。參事官管助定法令。凡教育有何問題。爲之決定。

秘書官。助官房長辦理機要。其下爲書記官。書記官歸三局。

視學官．查閱各學校之善否．

圖書審查官．檢定教科書之善否．

衛生主事．管理師生體中之健否及學堂建築之合宜．技師管造學堂之圖式及工程．

他屬官各助其長．

總務局六課．人事課．文書課．會計課．圖書課．建築課．衛生課．

總務局長所管十四事．一管理官吏黜陟．二管理公立學校教習校長職員．三教員免許．四圖書干涉．五建築修理．六高等教育會相關事項。七教育衛生。八博覽會干涉事件。九文部省案卷接受發送。十統計報告事項。十一公文案卷編輯之事。十二文部省所有財產決算之事。十三監督會計。十四文部省所轄官中財產及物品相關之事。

專門局長所掌事務。一大學校高等學校。二專門學校。三各種學校相關事項。四海外留學生及派出海外教員相關事項。五圖書館博物館相關事項。六天文臺氣象臺測候所相關事項。七學術技藝獎勵調查相關事項。八測地學委員會及震災豫防調查會相關事項。九學士會院。十學術會。十一學位等類稱號普通學務局所管事務．一師範教育．二中學校．三小學幼稚園．四高等女學校．五盲啞學校．六以上學校相準各種學校．七教育博物館．八通俗教育及教育會．九學齡兒童就學．
實業學務局所管事務．一工業學校．二農業．三商業．四公立私立商船學校．五徒弟學校實業補習．六以上學校準入各學校．七實業教育費國庫補助．八實業學校教習之養成．
以上文部職掌
教育方鍼．不可不定．日本有高等教育會六十餘人．凡教育有改置增減．皆經會員議定．然後施行．

學校衛生顧問九人。凡學校一切關係衛生之事。文部大臣必問此九人。而後施行。

地方教育分二種。　有郡長町村長所管學校。由府縣監督。有府縣自立之學校。如師範學校高等女學校等。皆由府縣自行管理。

一縣學校。通歸視學官查考。一人不能獨任。別立視學二人助之。（此二人非官。）

縣中書記官。往往兼內務部長。在視學官之上。於教育有應盡責務。

一郡教育。有郡書記。有視學。助郡長。　町村有助役一人。若二人。有書記。無定員。有學務委員。皆助町村長。凡學齡兒童。不入小學。入小學不欲滿年限者。督令照章辦理。

教育大意

稚園六歲已滿應入小學者不入小學仍留稚園雖至八歲亦可小學養成德性擴充知識使後有國民選舉之權又須體育後可充兵盡國民之義務

人人應入小學即町村不可不立小學如經費不足府縣可補助之小學不取學俸如町村貧窮可以少取必得文部許可然後取之

尋常小學不得不立高等小學則可立可不立近日本人人知學之有益亦無處不立高等小學例不取學俸如經費不足亦可少取國庫亦

可補助.
教科書.先時均由文部省編定頒發.近來則由民間編輯.文部鑑定.其教法應因地制宜.文部鑑定之書不一種.何地應用何書.必由地方官與學校教員議定.然後取裁於文部.
小學教員.訓導.保姆.幼稚園師範學校所養成.師範學校之卒業生.能任教員與否.應由官長檢定.檢定之法.或由考試.或由教員及地方官薦舉.
學校既多.需用教員益衆.訓導之外.又有准訓導.可充教員.准訓導由師範學校之別科所養成.又有郡立准訓導之養成所.

教員檢定。由郡長請之府縣。其教員月俸。至少者八圓。多者七十五圓
特別者至百圓。
宅料由學校給予。　曾充教員十五年。年滿六十。須給恩俸。恩俸照月
俸四分之一。年未及六十。因教育得病。不能任事者。亦給予恩俸。

以上小學校

中學校以養成國民普通知識爲主。高等小學校肄業二年。便可入中
學校。中學卒業。大概在十七歲時。中學校或入或不入。皆可自由。
學徒與教習。各有教科書。教習書謂之書則。
中學校長。有考察教育之權。中學教員有二種。　一教諭。一助教諭。

教員須檢定考試．校長則無須此．要必教育學有得者充當．

教員有奏任待遇．有判任待遇．判任月俸自十五圓至一百圓．奏任年俸自六百圓至二千圓．現時大都一千八百圓爲度．

校長亦奏任待遇．年俸與教員同等．大都一千七百圓．

以上中學校

高等女學校．與中學校相等．凡中等人家女子．多入此學校．課程乃普通知識．更加料理裁縫家事等．教習或男或女均可．月俸少於中學校．

高等小學教員．得免許狀者．可教高等女學校中最低之一班女學生．

高等師範男生卒業者．亦可充高等女學教員．

以上高等女學校

師範學校。男十六歲女十四歲入學。不但教普通學。兼令研習教育學。可爲小學及幼稚園之師。

師範學校。必附屬小學校幼稚園。需費甚巨。郡町村無設立者。

師範教科書。應用何種。應達知文部大臣。待其許可。

校長奏任官。教諭等員。多是奏任待遇。助教諭多是判任待遇。　小學教員幼稚園保姆。府縣自定。

師範校長年俸。自六百圓至一千六百圓。或一千八百圓。教諭勅任待遇者。自六百圓至一千四百圓。判任待遇者。每月自廿圓至七十五圓。

助教諭自十五圓至卅五圓.

以上師範學校

高等師範學校養成中學校高等女學校師範學校之教員.有豫科.有本科.豫科一年.本科三年.研究科一年二年不定.入高等師範學校者.年在十七以上.由中學校師範學校卒業生考選而入.

高等師範學校.必附屬中學校小學校.中學爲將來須作教員.小學則課程須知. 此學教科書.由文部定.

以上高等師範學校

醫科專門學校.由中學校卒業生考入.此學校文部所立.經費出自政

府。府縣亦有設立此校者。名曰醫學校。經費由府縣籌備。
專門生徒。每月出俸料二圓五角。府縣所立亦同。 教員俸給。同高等學校。
府縣所立醫學校。教員二種。一奏任待遇。一判任待遇。分教諭助教諭二種。教諭任命。與中學校同。其俸給時有多於專門學校者。
府縣醫學校卒業生。無庸考試。不須免許狀。但得卒業憑據。即可行醫
藥學校全國止一所。私立者二三所。大學校中有藥學部。止有一人。因此學無利可圖也。將來自歐洲學歸。此業當更發達。

以上醫學

外國語學校。現學者。中國語。朝鮮。俄羅斯。法。德。英。西班牙。意大利。 學生出俸料每月每名一圓五角。教師先用本國。不足乃聘外國人。任命俸給。均與高等學校同。

以上外國語學校

美術學校分二科。一豫科。一本科。 彫刻。(金木) 繪畫。(日本西洋) 卒業生可當中學校高等女學校師範學校之教員。教員俸給任命。與高等學校同。

以上美術學校

音樂學校。養成音樂教員。分師範專習二種。學俸料。或二圓。或一圓。

校長與教授奏任官．助教授判任官．俸給與高等學校同．現校長教授俸．不過二千五百圓．

以上音樂學校

高等女師範學校．四年卒業．入此學者．應由高等女學校卒業．年十六以上．此學內附屬高等女學校小學校幼稚園．均爲實地研習資助．此學乃文部所立．校長用勅任官或奏任官．教員多種．一教授．奏任官．年俸六百圓至二千五百圓．二助教授．判任官．月俸十五圓至七十五圓．三教諭．奏任官．年俸四百圓至一千二百圓．四助教諭．判任官．月俸十五圓至七十五圓．五訓導．六保姆．均判任．月俸均與助教諭同。

以上高等女師範學校

師範學校。高等師範學校。女子師範學校。此三學皆不收束脩。學徒衣服飲食居屋。均由學堂給予。學徒寄宿舍。有舍監管理。卒業後。應在本學充教員。男十年。女五年。大學校應由高等學校送入。中學校欲入高等學校。必先試驗。入式者方准入高等。

高等學校。中央政府所立。經費出自政府。而收學生倖料每名每月二圓五角。教科書由校長定。其中高等課程。教習講授。學生筆受。所謂講義者也。

此校校長。或勅任。或奏任。教員二種。一教授。一助教授。教授奏任官。年俸自六百圓至二千五百圓。助教授判任官。月俸自十五圓至七十五圓。校長年俸自一千八百圓至三千圓。高等教員。由文部命定。不須考試。不須免許狀。高等生必應在學校寄宿舍。監奏任官。年俸自四百圓至一千二百圓。

以上高等學校

高等實業亦專門之學。 一高等工業。全國二所。 二高等商業。全國二所。 商業卒業生。能充外交官。及領事與大貿易。 三高等農林。全國一所。卒業生可充教師。及技手。札幌農學校卒業生。可充農桑技師。

實業與大學校之分。譬如陸軍大學校卒業生乃大將。實業校卒業者。皆佐尉也。

實業學校無教科書。盡用講義。課程皆須實地練習。如商業須演習商肆。銀行學須演習銀行。公司學須演習公司。有商品陳列館。考究各種標本。農學有農田試驗。林學有演習林。札幌農學校卒業。與大學同。可任農學士。高等商業研究生。或一年或二年卒業。可任商學士。

凡高等實業學校。皆有圖書館。此校經費。均出中央政府。歸文部省統

轄．學生每名每月應出學俸料．或二圓．或二圓二角．工業須出用品料
每月一圓．
校長或勅任．或奏任．教員與校長俸給．與高等學校同．　尋常實業學
校．府縣所立．經費府縣所籌備．學徒由高等小學校卒業者考入．教科
或用書．或口授．　商業有商品陳列所．及演習室．農學有農田．有演習
林．工業有工場．　教長及教諭任命方法．與中學校同．俸給亦同．　教
習不須免許狀．由府縣聘請．　外有乙種商業農業學校．工業徒弟學
校．生徒或尋常小學或高等小學．均可考入．教習俸給．少於實業學校．
此校町村盡有．

以上實業學校

實業補習學校．由小學校校卒業．其學業仍不足用．或高等小學仍未卒業．皆須補習課程．以本業餘暇習之．大氏晚工居多．亦不限時刻．

教員係訓導助訓導．任命方法．與小學同．

以上實業補習學校

大學校目的．以世界競爭優勝劣敗．不得不造就人才．不但造成官吏．且應創辦民間事業．

法科年限．東西二京不同．東京四年限滿．任便肄業．西京則限八年．

大學校經費出自政府．學生所出俸料．亦每月二圓五角．工科學生．應出用品料每月一圓。
學生不由高等學校者．可由考試而入．
大學校有選科．可由中學校卒業生考入．
大學校無書．但有講義．此外應讀參考書．參考書皆是歐文．又不但參
考書．須有各種實驗．如天文學有天文臺．博物學有博物館．植物園．人
類學有各種標本．地震學有試驗地震器具．工科以繪圖爲主．化學以
試驗爲重．工科有設立工場．以備研究．農科有林學一科．有森林場．以
備實驗．動物亦歸農科．有獸醫．獸病院．
大學校有圖書館．凡參考之書盡備．

大學校卒業生，入大學院，在院自課，有不明者，問大學校教授，大學院五年卒業，有論文一篇，文部閲定合格，授博士，不作論者聽，但無授博士之望。

大學總長勅任官，俸有二種，一年俸四千圓，一三千五百圓，教授或勅任或奏任，俸給二種，一本俸，一講座俸，本俸八百圓至一千六百圓，講座四百圓至千二百圓，五年以上有功者，加俸五百圓，此教授大畧也。助教授奏任官，本俸三百圓至八百圓，講座二百圓至六百圓，無加俸。教授之外，別有講師，大學總長所聘請。

大學校有書記官，或二人，或三人，係奏任官，俸給九百圓至二千圓，又有助書記官者。但名書記非官。人數不定。係判任。月俸十五圓至七十五圓。東京無寄宿舍。西京有舍監。奏任官年俸七百圓至一千六百圓。

以上大學校

學校衛生

始於明治廿四年九月。三島君初開辦。西洋衛生之學。行於學校。從一千八百八十年起。明治十二年。森有禮立體操。其後學生體氣漸壯。森有禮死後。體操又廢。學生又多疲弱。三島君建議謂體操爲教育根基。其時信者甚少。明治廿七八年。與中國開戰。雖幸勝。其實身體氣力.不如中國人.嗣後知體力爲最要.學校中不可不講衛生.於是全國始漸信三島君之說.廿八年開議院.始提出學校衛生調査費用.廿九年五月.學校衛生顧問.設於文部省.自是進步甚速.衛生機關布置之善.歐美各國均皆佩服.文部省研究各國衛生之學.各國所無.惟日本有之.西洋講求學校衛生之學者.聞日本文部之法.謂日本學校衛生之政.可爲吾歐美各國之先進國.

日本公立學校有二萬八千餘.學校中有醫生者七千餘.學校醫數有三千七百餘.每年所得謝貲有十二萬圓.

學校醫.每年四月十月.兩次調査各學校學生體格强弱.申之文部省.學生數目.每年約五百萬.學校醫申報調査者.約一百萬.其

調查之法．一檢察學生現時身體强弱．二比較現年與前年身體强弱．使文部加減學課．今各學校不能遍有學校醫者有二故．一學校經費不足．二醫員過少．十年之內．必將校校有醫．於教育有大益也．

以上衛生沿革

井上毅爲文部大臣時．與三嶋君書云．見學生體氣甚劣．近視甚多．面色甚黃．以爲亡國之兆．謂國之存亡．不在外觀．在人民之强弱．明治維新時．上諭有云．求知識於四方．各國知識．無論如何貴價．我均必買．但不恃國民血肉．不足以貿易知識．吾輩不可不認定此宗旨．學校衛生．足以救學生血肉之病．並可救學生之知識．必應誘掖獎勸．足下身當其責．當力任此事．爲國自强．雖身爲犧牲．勿卹也．

學校衛生．不但保身體之無病．並須養之使壯．足以任事．現今以衛生爲教育根本．已成世界之公論．教育目的．當使學生爲眞善美人．非身强則心力不足．此練身者一也．衛生道得則體强．體强則心力足．治學機敏．足以增益財產．此富國者二也．身强則精神剛毅．能義勇奉公．此强兵者三也．

西洋各國學校中皆有衛生之學．而文部無學校衛生之官．獨日本文部省以學校衛生爲重．是以有衛生主事．有衛生顧問．

以上衛生實歷

一校地。二校舍。三寄宿舍。四校具。五圖書器械標本。

校地相何等學校而定。文部省令。校地須合本校規模。地宜乾燥。各家學童來往皆便。凡近於酒樓茶店妓寮之地。不宜近於喧囂之地。不宜危險之地。皆不宜。小學校每人占地半坪。每坪見方六尺中學校每人占地一坪。體操場。尋常小學校每人一坪。高等每人一坪有半。假令校中有六百人。其運動場應得九百坪。遇運動時。乃不局促。如校中止生徒二三十人。運動場至少須得一百坪。高等小學校。無論人數多少。運動場應得一百五十坪。中學校有兵式體操。其操應得二千坪。其地勢應如長弓形。假令地狹。亦一應千坪。高等女學校。運動場占地較少。文部省令。女校操場二種。一屋外。一屋內。皆應得適宜之地。其場應大於高等小學校。師範學校。男子一部。體操場應得三千坪以上。女子一部。與高等女學校同。約需一千坪以上。其校地最要者。宜得極清之水。

校舍。以教授管理衛生三事。配合各室適宜制度。教室最要者三事。一採光。二通氣。三通煖氣。採光應有直射光線。宜設採光窗。窗宜在學童坐地左側。窗之面積須得房室六分之一。又須有補助採光窗。緣一面光線不足用。必應右側有窗。又有通氣窗。採光方位。第一南方。第二西南方。第三東南方。第四西方。

教室面積．小學校每坪容四人每人得地九平方尺．（每坪面積卅六年方尺）．中學校每坪三人每人得地十二坪平方尺．高等女學師範學校．並同中學校．室上頂棚．小學校高九尺以上．中學校等十尺以上．

寄宿舍． 自修室一人一坪．寢室一坪半．寢室兼自修室．應一坪七合五勺．頂棚高九尺以上．

以上學校設備

學校管理法

學校管理法與教育行政相表裏 校長視學官所掌皆教育行政之

事．學校管理法．乃學校纖悉法程．現今尙無良法．所用書．惟小學實踐管理法．大橋唯雄編卅一年小學校管理法．和田豐編卅五年令規適用學校管理法．鈴木光愛編卅五年新說學校管理法．槇山榮次小山雄合著卅二年著此數書最善．

管理分外部內部．町村小學校管理外部者．爲町村長及學務委員．市立小學校．府縣知事管理外部．市町村長職務．一學校設備．謂校地校舍校具等市町村會決議規定法令等．二教科加除．三修業年限．四補習科設廢．五豫算經費決議後執行．六督促學齡兒童就學．七編制學級．學務委員職務．一督促就學．二家庭教育．三免除就學義務．如學童有病裁決就學之猶豫．四學校設備．五豫算經費．

六授業料應取不應取．七學校基本財產．八教科目加除．九修業年限．十補習科設廢．十一私立小學校可代公立之學與否．郡長府縣知事職務畧同但大小有別．郡長職務．一定立町村小學地位．二本町村不能立學合於他町村謂之組合．三不能組合成學者以學童依附他町村．府縣知事職務．一教員任免．二指定市立小學之位置及立學應若干所．三審定應用之教科書．四定小學內設備纖細之細則．五懲戒學校長及教員過失．六與奪教員所得府縣之免許狀．七學期假期及教授時刻．

以上管理之外部

校長事務.　一對外部之代表.　二述教員進退意見於市町村長.　三命校員分掌教務.　四定教授時刻.及各教員之擔任.　五監督職員勤怠.　六督促學童之曠功.　七勸懲學童.　八給予修業卒業之憑據.謂之證明書.　九整理校舍校具.　十查閱教員所教功課簿.　十一每年二次檢查學徒身體.　十二時時注意衛生.　十三督飭清潔灑掃.每日逐細掃除.數日一大掃除.其教室內令學童自掃除.　十四管理學童與家庭通信.立通信簿.　十五整理諸表簿.　學徒名籍簿.　考查成績簿.　兒童性行錄.　備品目錄.　檢查身體簿.　學校醫視察簿.　各種統計表.　十七.行令節祝賀式.授與卒業證書式.

以上事項有各教員分任校長總其成．教員事務．一擔任兒童教育．二整理教室．三輔佐教長分掌事務其主要三事．圖書．器械．表簿．四稽查兒童到學．五定每日所教功課．六看護休息時遊戲．七更番宿直．學校醫職務．一每月一次視察學校衞生事務．二學生現有病端速告校長促其處置．三每年二次行檢查學童身體之事．

以上管理之內部

小學有尋常高等合在一校者．謂之尋常高等小學校．又公立私立外．有所謂代用小學校．代用者．私立小學校．代公立學校之用．私立學校入學時。須赴市町村役場證明。役場許可。然後可入。否則不許入。不許入私立之學。則必入公立之學。

學級編制有所謂單級小學校。有所謂多級小學校。單級云者。如學徒卌人。並在一堂。每十人一班。此班學算學。則彼兩班自學寫字繪畫等不須作聲之事。彼班學國語。則此兩班亦自習不須作聲之事。乃一師分班教此卌人。皆經費支絀之辦法。多級則每班分一教習。不混在一室。

此二種外。又有所謂半日小學校者。分學童爲二部。上半日教一部。下半日再教一部。此校教習甚忙。

學童數目。尋常小學校。每班七十人以下。高等小學校。每班六十人以下。逾額別收得增十人。小學校分十二班。
學童同一學年爲一學級。亦有二年三年並入第一年者。一學級即一班。
教員擔任。分科目擔任學級擔任二種。本國現制。學級擔任之外。別用專科教員。分任各科教務。如圖畫體操唱歌農業商工業英語裁縫等。皆有專科教員。

以上學級編制

小學校費用。市町村擔任。有授業料。（即學俸）歸市町村收入。學費概目。一校地校舍維持費用。二職員俸給旅費。三消耗品及通信搬運諸費。

現今小學校費用。取之市町村稅。有天災時變。輒苦不給。必應蓄積基本財產。乃可支辨不匱。

學校費用由市町村支給。如學中購物。應赴市町村役場領價。

以上小學校

小學校一切庶務。都歸教師兼理。中學校則有書記分管。書記大約三人。高等學校書記十人。大學校約卌人。

小學校無寄宿舍。中學校學徒寄宿舍中。故有舍監。大約三四人。由教師輪流充當。文部省直轄學校。大約止一人。文部所轄學校。書記以外．校長可僱人襄助辦事．不必待文部命令．

中學校．高等女學校．有父兄保證人會．每年三四次．一會．會時校長教員．與學生父兄及保證人講說校中教法．高等學校以上．則無此會．

中學校以上之學校．校中有校友會．皆學生自立．有學校教師等爲之監督．會時爲戶外遊戲．水中游泳競渡擊劍搏力運動諸事．或開場演說．及出報等事．

小學校教師．以學級擔任爲主．中學校教師．以學科擔任爲主．學生五級以上．學生每增一班．教師須增一人半．

以上中學高等學

大學校校長總管一切其有重要事件由評議會決議評議會員分科學長以外各科又舉一教師爲之如日本大學分六科每科連學長凡得二人會員共十二人校長爲議長凡十三人

分科學長總管一科之庶務其一科中重要事件由教授會決議教授會員即分科學長與教員等充當

凡博士乃有學位博士四等　一大學卒業入大學院五年呈一文於大學校長校長取中乃爲博士　二未入大學能作文呈博士會會中老博士賞拔薦於文部大臣許爲博士　三作文呈文部大臣文部大臣取中亦可爲博士　四大學校長推薦亦可爲博士　自博士會賞

薦以外校長文部大臣所取必須經評議會論定評議會又先以教授會公學爲主。博士會至少須得七人乃能立會。大學校書記以上有書記官書記官與教授平等。

大學校附屬各種。醫科有病院。理科有天文臺。有植物園。水產臨海實驗所。農科有演習林演習林者林學演習實驗之所。以上五種歸各科教授監督。此外有圖書館歸校長管理用教授或助教授監督由校長選派。

高等學校以下學徒管束甚嚴不到必查問保證大學則無此。高等學校以下每年考試三次大學每年止考一次間有考三次者尙有功課止講而不考者。大學師生講授習課。皆比高等以下時刻爲少。因欲騰出日力。使自研究。

大學雖各分科。此科學徒。可往彼科聽講。來往無禁。

學徒行止。歸舍監管理。助舍監者。有書記二人。

以上大學校

露國大學中。有若警察部。防檢甚嚴。

英國大學。必應寄宿。不令學徒外宿。若異國人。可不寄宿。獨逸國大學無寄宿舍。其學生團力最固。有種種社會。會中聯絡。不用學科。但用貧富貴賤分類。各國學徒冠服。皆有殊異制度。一望可知其何學。獨逸學徒冠服。各會自異其服制。　各國學制。無如獨逸之任令學徒自由者。大學中全無考驗。以其學程度已高。不須防檢故也。

米國大學略同英國。現頗采用獨逸制度。其學堂英獨參用。寄宿舍或有或無。近今英國風氣漸長。

佛國大學。於學徒操行不甚注意。其自由之流弊頗深。

瑞典學徒有鄉里會。會中往往有高官富賈捐助。多會館圖書館。其國雖小。教育最多名家。其小學校每日有二時教習手工。故手工爲歐洲之冠。又體操。視學時所費身力。用體操補益之。如用腦力之後。令其運動手足。用口舌之後。令其養息口舌。用目力之後。令其養目。其法甚多。

現時英國及歐洲他國皆採用瑞典體操。瑞典小學校待遇教師最善。其俸給出自政府。瑞典口語與歐洲他國不通。故其教育皆用英文英語。雖取資於外國。而教育特爲發達。自成本國人才。法國自拿波侖改革以後。學制一新。大學校全歸政府。經費出自政府。英國大學經費。出自寄附金。寄附金者。私家捐輸之款也。英國大學之寄附金。多出自帝室。故經費充裕。而不受政府之裁制。獨逸大學經費。政府與各藩各半。大學校長。由教授中推選。不由文部任命。（英國亦然）米國無國立之大學。其十三洲。各洲有一大學校。洲學無勢力。因財皆有定限。不能拓充。其勢力大者。皆私立之大學校。緣米多巨富。富人往往獨立一大學。因復設立衆多之中小學。財雄勢力大也。

以上外國大學

佛米二國大學。分學期學年試驗。獨逸與法米。不獨全不試驗。講義聽畢。即作爲卒業。英國不分學期學年。每年考驗二次。第一次考取者進入一級。第二次考取者又進一級。三次四次盡然。學徒不必循次應考。有不考一二三次。而徑應第四次之考驗者。伊大利略同佛國。分學期學年。此法有弊。學徒平日並不用功。臨考再行用功。用功專爲考試。其後仿照德國。不分學期考試。於卒業以前。考其修業。謂之修業試驗。修業試驗。與學期學年之試不同。其法專考其所攻專門之業。不似學期學年之遍考各學經修業試驗之後可以考學位試驗獨逸全無試驗但有學位試驗考與不考各聽其便不過不考者不得學位耳佛國規定課目均須熟讀獨逸止須熟一課目即可入大學如法學科之學徒亦可聽他科之課英又不同佛獨其學堂定無數試驗試驗既遍即爲卒業其試驗之法一次試驗可以遍驗數等米國有隨意科甲科學徒可任意往學乙科之課既學後可考可不考日本大學亦有隨意科英國有特異者學堂教師之外每一學生更有師傅一人師傅比學生略高一等此師傅非學生自覓乃學堂代爲選派者此師傅即無須別項學規約束　英國試驗有二種一卒業試驗一名譽試驗卒業

試驗科目少．題目易．及第有學位名譽．試驗科目多．題目難．及第所得學位最貴重．英人名之賽倪墺．謂最優等也．日本即名之曰最優等．

以上外國大學試驗

佛國由學堂卒業．即可作官作教師作醫生．獨逸全與佛反．學堂卒業不能即出身辦事．欲作官作教師行醫．皆別有試驗．英國醫學．欲行醫者．亦不徒憑卒業證書．須更行試驗．他種學．但有卒業證書．即可出而辦事．日本不一律．法科卒業生．欲爲官．須經高等文官試驗．欲作辯護士及裁判官之檢事．不必試驗．醫工各科及爲學堂教師．皆不必考試．

佛國近來定一學位．名曰純正學術．凡學堂所定科目．皆經考驗者．

以上外國學位

外國學稅極貴。種類亦多。有學料。授業料。試驗料。學位料。學位料最貴。以日本貨幣言之。約合銀幣二百圓。又有圖書費。敎堂費。此款止獨國有之消耗品。獨逸一禮拜聽一時講義者。每年收學稅五圓。聽廿時以上者。全年收一百圓。此外消耗品之費。一年亦在百圓以上。消耗品有等學科不用者。英國授業料。每年每人一百五十圓。米國每年四百圓。貧家不能入大學。各國近章。貧家學高者。不收其授業料。英米於貧生由學堂津貼。有一年津貼千圓者。亦有視試驗高下爲多寡者。有給與一年二年者。有給至卒業者。伊國因大學堂學徒過多。欲減少人數。於是加增授業料。日本初開學堂生徒甚少。欲廣招徠。不但不收授業料。且給與學費。後學徒日多。乃裁去給費。收其授業料。漸又收其試驗料入學料。現今授業料每年廿五圓。消耗品每年十圓。貧生每月可借給十圓以下。仍收其授業料。家道不貧。考得優等者。作為特待生。不收授業料。

各國大學數目　獨廿二　奧十一　英十三　佛十五　伊廿二　露九　米二百餘有名者六十　日本二

以上各國學稅 即吾國所謂學俸

佛國學堂。卒業生即可出身辦事。學堂功課。皆實驗應用。非研究精深之詘。故學術無甚進步。他國人皆笑其大學堂不足當大學之稱。不過一實業學校而已。佛人近少高學。亦以此故。近年頗學獨逸。漸求精深。獨逸學問門類甚多。而所造甚精。所以獨人學問。有名者甚多。但獨人亦有一弊。往往有不能適之學。不便行用。　英國大學。不過一高等普通學校。大學堂卒業生。出而應世。程度不足。英國教育專重文藝。因卒業生將爲上等人。故文理最爲重要。大學堂考試分三等。第一次考。先考文藝。　日本畧同佛國。學堂所教。皆係實用。預備出而問世。現今大學教習。多從歐洲學歸。知獨逸學精。皆改從獨國辦法。　米國亦畧如佛國。學堂均豫備實用。米國學士高者亦少。一由學問專取實用。一由教授時刻過多。教員無暇自加研究。米國教師。不但教學堂生徒。凡學堂中附屬之他項學堂。亦皆由此教師兼教。近來專學獨國學術。一進。

以上各國學風

伊大利八百年前初開大學。先從小學校起。現在各國大學堂。與豫備學堂分開。米國則大學與豫備學堂仍是合在一處。尙有別項學堂。均附屬大學校內。米國大學。止有文科理科。如法科醫科工科農科。均附在大學。程度甚低。不能作大學程度。近來講求漸精。漸求合大學程度。他國現今亦多仿米國。以豫備學堂附屬大學。日本初開學堂。

豫備門附入大學。

以上大學堂附屬各學

教授法

各國學制。每國不同。若教授法。則各國都是一律。現所有書。言教授者。不過小學校。今畧明各學校教法。　一學級編制法。凡學徒程度同者。作爲一級。一級中學力不及者。歸入下一級。一級中人數過多。則教師不能遍教。大約卅人或五十人七十人爲一級。尋常小學校。可七十人一級。高等小學校。則六十人一級。中學校五十人一級。高等學校。則三四十人爲一級．一級中人數愈少愈佳．但每級人少．則教員須多。經費難籌．故勢不能過少．如外國語學校．人人須讀書．常須與教師談論．人多殊不方便．此校廿五人爲一級．若教師但用講授．則人多不妨．雖一二百人爲一級可也． 二教授形式． 教授有三式． 一講論式 一問答式． 一示範式． 修身讀書地理歷史等．學生初無所知．全恃教師告諭．此宜用講論式．算學理科各種學．皆就學徒已知者．發明其未知之理．此宜用問答式．讀方（即讀法）習字圖畫唱歌裁縫（女）體操手工．皆技能一類．須教者先示形式．宜用示範式． 講論示範二式皆古法．謂之注入式．問答乃新法．謂之開發式．注入式用時刻甚少．學生不勞而得。又甚覺有趣。宜令其時時習復。但注入式。學生未經思索。不能獨立。故又須用開發式。開發式。問難以啓其疑。非思索不能得。如外國語學。用問答式。可使時時練習。教師亦可藉知學徒學力所至。與性質如何。師生又不至隔膜。問答式甚費時刻。此二法皆有利有弊。必須兼之。取其利。去其弊。乃爲善教。　三教授程度。　教師須知學徒才力所至。因序誘進。不可使之仰企不及。講授時。就所已知。連類罕譬。以次深入。仍粗舉一隅。令其三反。　四教授時刻。　凡學科難者。宜於早晨教授。以學生晨間腦力充足。能任思索。難科不宜過久。又難易二科。宜調停分勻。教授各科。小學校每科四十五分鐘。中學校以上五十分鐘。一科完了．須休息十分鐘或十五分鐘．小學校幼孩始學．每科不過卄分鐘．體操之後．不可教寫字畫圖．因其用力之後．手宜戰動．不能自制．凡教唱歌．不宜妨害他人所習功課．

考察成績

小學校若用考試法．幼童爭競心盛．恐其因此致病．近來不用考試．由教師隨時記其各學分數．學年年終積算．以定及第落第．至名次前後．不依學問高下．但據身體高低爲次．所以泯其爭心．中學校師範學校課目．教師平日知學僮學力所至者．不須考試．有不知其程度者．必應考試定之．

試驗之法。約分二種。一學期試驗。一年分三學期。每學期屆終（十二月三月六月）考之。一學年試驗。兼三學期之考驗而合計之。往往于第三期並作一場考驗。其考法不定。有時一學期分幾次考驗。

高等女學校。照小學校辦法。亦無試驗。但如修身歷史地理理科家事。及關係教育之學科等。教師不能知其學力如何。則必須考試。

高等諸學校學期學年之滿日。必應考試。高等專門及大學並同。

教科書。

小學校各科。通有教科書。中學校師範學校高等女學校。除唱歌體操裁縫外。皆有教科書。高等學校。各種專門學校。大學校。均用講授。無教科書中間亦有一二科有書者。有教科書各科。其教法用講論式。使學生靜聽後。再授以書文現文部省所監定教科書。止小學中學師範及高等女學四種。餘無。

教授法大略如此。此是普通教育中學以上專門學業未備說也。專門學乃是各種技術。重在智育。小學中學重在德育。養成幼童德性。教師必應眞知學徒性質。此事甚難。須教師講求教育學心理學。乃能體會。又須講求論理學。凡人思想。多有自相矛盾者。論理學是教人遇思想時。避去矛盾。

學校設備

建學必須擇地。擇地必應寬敞。尤宜於衛生適宜。小學校必應使幼童來往皆便。風俗不美處。不可設學。學堂地須淸靜。無危險。

設備略分三種。一擇地。二校舍。三校具。校舍必於授業管理。皆能便利。尤須便於衛生。房室取堅牢。不取華麗。

幼稚園通用平房。不用樓屋。幼稚上下。恐有跌失。幼稚園房室有數端。一保育室。二游戲室。三休養室。四保姆室。房外有游戲園。幼稚園器具各種。一練習五官思想之玩具。二畫幅。三練習手足氣力之玩具．四音樂玩具．五黑板．六几案椅凳．七鐘表．八寒暑表．九暖爐．

小學校舍．亦不用樓．應用之房．每一學級宜用一室．總教室之外．有特別教法．即須有特別教室．唱歌裁縫等事．皆須有特別教室．高等尋常小學校．有講堂．學堂外有體操場．形式以正方爲善．經費裕地基寬展．可造教師住宅．學堂所用物．皆教科儀器．參考書籍．及適用器具．中學校造法．略同小學．可造樓房．教室較小學爲多．學生須寄宿．校中必應有寄宿舍．其故有二．一因中學校不能多建．學生來者皆遠．一因學生嗜欲漸開．必應防閑檢束．寄宿舍約分七種．一自修室．二寢室．三舍監室．四食堂．五應接所．六盥浴所．七病室．校具比小學爲多．經費裕．地基寬展．可造校長教師各住宅．中學校有名簿二．一校長教師管事人名簿．一學生名簿．

高等女學校略同中學．

師範學校與中學不同者．有農業練習場．商業實習室．手工實習場．此三處皆特設．

工業學校．惟特置實驗器具爲異．餘同中學．

文部直轄之學校．其設備較公立學校爲大．

圖書館博物館之益

圖書館。聚本國外國古時今時各圖書。以備博覽參考。其益有二。一供專門學之研究。一廣普通學之見聞。專門之書價甚貴。學者無力購買。則考定有缺憾。有圖書館足以濟其用。凡聚書家。往往藏自己應用之書。其不急用者。便恝置不備。一時查檢。無從索之。圖書館廣收博輯。無所不備。足以待學者之考索。專門書不借出館。普通書可聽人借出。

圖書館有官立。有公立。有私立。

圖書館建築法。與他建築不同。圖書日新不窮。隨時添置。則房室亦須添造。必基址寬大。可隨時加造。其造房之法。亦應預備隨時增改。其選擇地勢。宜據一城一町村之中。使學者可以四面而至。又須光綫合宜。

空氣流通．日本上野圖書館．四圍茂樹．於光綫殊為不宜．庋置書册．宜避火災．萬一遇火．宜使稍避火患．如此房之火．不至蔓延彼房．此皆建築時宜商定妙法．

圖書館有必不可少之房數種．一書庫．一閱覽室．宜分男女．一檢書發書之室．一閱覽新聞之室．一委員平議室．一事務室

藏書目錄分二種．一備館中人檢查．一分各種學類備閱書人檢查．

博物館畧同圖書館．類聚內外古今美術品日用品工藝品古文書博物標本蒐輯陳列．以供衆人縱覽．一以保存貴重物品．一以廣庶物實際知識．

上野博物館．名爲帝室博物館．屬宮內省．往時諸侯送呈各藩物產．現時華族貢進各家珍寶．均存此博物館中． 日本博物館有三．上野一也．西京二也．奈良三也 博物館陳列物品有二法．一法環列各品．游者繞行一周．可以遍覽．一法陳列各室．游者遍履其室．出入異道．各室皆在目中．

日本學校沿革

德川氏幕府．及諸藩各學校．士人數十萬．武事之外．文學亦盛．農工商子弟．亦師師就學．實維新後教育基礎．維新前百六十年．伊大利宣教師來．將軍命新井白石．從問地理風俗．著有西洋紀聞．後十餘年．將軍吉宗時．西學漸起．又卄餘年．青木昆陽始講習和蘭書．是後翻譯踵起．及露侵蝦夷．英舶入長崎．於是始修露英兩國語學．維新前五十七年．江戶立翻譯局．譯地理書文辭書醫書之類．又十五年．譯物理書．又十三年．譯化學書．西洋科學益盛．於是幕府有防制西學之事．翻譯局所譯書．不肯傳出私家．所譯必幕府認可．而後印行．然西書自是流行不絕也．維新前十五年．米人挾制立約．英佛露蘭普諸國相續立約．又二年．江戶立洋學所．醫學所．尋長崎立語學校．習中國和蘭英佛露諸國語言．又十年．始遣生徒赴和蘭遊學．漸及露英佛．皆遣留學生．其後蘭學漸衰．英佛獨學漸盛．當時學生．後皆爲國致用．

維新以後．教育制度．有旁助各事．兵制法律官制服章．皆改從西法．學校之教易行．此要點也．

維新後勅文．有求知識於世界一語．爲後來教育根本．明治元年．天皇尚在西京．即將西京學習院改爲大學寮．長崎醫學校．語學校．皆毀於兵．至是復興．自遷都江戶．又興復舊時之昌平校．醫學所．開成所．其後昌平校廢．而醫學開成二所．即今東京大學校之基址也．元年九月學令勅建大學校．集天下人才．興文武之道．於是西京設皇學所．漢學所．以教公卿在官者．及其子弟．立規條五則．其第五則．學徒入學．自八歲至卅歲爲定限。二年。皇學漢學二所並廢。而各學校均加入外國語學。先是官立學校。惟武士得入。明治二年。始令平民士農工賈皆可入官立之學校。開成所德川幕府晚年增入和蘭語學。至是幷增英佛普教師。於是大坂立化學所。長崎醫學校。聘和蘭教師。授算學。化學。幾何學。物理學。東京昌平校。改爲大學校。定大學官制。未幾以醫學校爲大學東校。開成所爲大國南校。此二校不在大學中。自是各藩子第至東京大坂各處入學者漸多矣。明治三年二月。定學則六條。七月。改正學制。退散前時學徒。選拔藩士有才學者年十六以上廿以下。送入南校。謂之貢進生。又遣學徒至米佛二國留學。而東伏見親王亦至英國遊學。

即今所稱小松宮親王者也。凡海外留學生歸大學管理。

明治四年七月。廢封藩。置府縣。舊時藩學并廢。是時大學亦廢。始立文部省。統理全國學務。文部甫立。以二事爲重。一編教科書。一定教則。於是貢進生之制廢止。是時學制紛更不定。旋立旋廢之學甚多。不可勝紀。惟政府前進之志趣。百折不變。是以屢敗屢興。

全國學制分七大區。北海道別爲一區。一大學區分卅二中區。八大區共二百五十六中區。一中學區分二百十小區。全國共五萬三千七百六十小區。一中區管理學事人十名至十三名。一小學區管理事人。察度地方情形。人數多寡不定。管理學事人。專主勸立學勸入學之事。凡學校不盡收學俸。俸不足者。地方助補之。地方無力。國家助補之。明治六年。國家助補費共卅萬。八年則七十萬。十年減爲五十六萬。至十四年。財政支絀。助補費僅給半年。民間以寄附金足成之。

明治五年。小學教科。分上等下等。下等十五科。上等廿一科。其因地制宜。復增四科。　中學亦分上下二等。二等各廿科。　小學下等六歲入。至九歲止。上等十歲入。十三歲止。上下合在學八年。二等各分八級。每級習業六箇月。六年又改定。　是時大學四科。　理科。　法科。　文科。　醫科。　又遣留學生分赴英佛米就學。

明治六年。全國中公立小學七千九百九十五校。私立四千五百六十三校。教員二萬五千五百卌一人。生徒百十四萬五千八百二人。小學生徒授業料。每月每人五十錢。少者卄五錢。一家二人或三人以上入學。又得減少。明治十二年十三年。一再改定。說詳後條。

師範學校。明治五年五月始立。招集能充小學教習者爲學生。請米國人爲教師。六年宮城大坂。七年愛知廣島長崎新潟等處。各設師範學校。其餘各處。多設教員傳習所。以師範學校卒業生爲之教師。用速成法養成小學教員。明治十一年。公立小學校二萬五千三百九十四。私立一千一百九十。教員男六萬三千六百四十七人。女一千九百六十五人。生徒男百六十七萬九百八十七人。女六十萬一千八百四十九人。

明治十二年以前。文部頒學制。其時西學尙未能明。辦事諸臣專講西法。亦未深明西法與本國能否合宜。事體尙多隔閡。十二年。廢學制。改爲教育令。行之尙多弊病。十三年。又廢教育令而復學區之制。學區與前不同。由地方官自定。小學校師範學校。皆定有畫一之規則。凡與普通教育有關者。皆定有規則。此普通教育第二次發達之原因也。先是翻譯西人教科書。以授小學生徒。究竟西書與日本國俗不合。明治十四五年。文部大臣以儒教爲重。改定修身教科書。全與西法相反。其事亦未能久行。明治十六七年。財政竭蹷。教育經費難籌。於是地方議欲減省教育之用。十八年。又改教育令。以節經費。十九年。政府大改革。教育又遂大變。盡廢前此之教育令。別立各學校令。　小學校大概以費省法良爲主。先是小學校所收授業料甚少。市町村助補甚多。十九年定令。全用學童授業料爲主。市町村助補甚少。但此法用之市町尚可行。至鄉村則多窒礙。先是小學校學級。每半年一級。十九年以後。改爲一年一級。先是教員未甚整齊。十九年以後。教員一新。學科必須完全。先是學費均由公給。其後學生日食及學費由官籌給。衣服器用仍須自備。十九年以後。一切改由公給。　是後修身科不用教科書。由教習口授。有用西洋哲學爲主者。有用西洋倫理學爲主者。有用儒教者。前此不講體學。十九年以後。體學漸興。

明治廿年。西學復盛。廿一年。又起保存舊學之議。其後西學益熾。并道德之說。均以西洋爲主。且欲以耶蘇之學。列入學堂。廿三年。天皇下諭。仍以儒教爲宗。中有啓發智能進公益廣世務重國憲等語。

自明治廿一年。公布市町村制度。小學校歸市町村設立。市町村制度一變。學校亦從之而變。廿三年。盡廢從前小學舊令。改立新令。定教員退隱料及教員故後扶助妻孥料。改正師範學校規則。廿四五年。此令始通行。至明治卅三年。又改舊令。是後國民教育。始漸成就。

明治廿九年。定令教育年功加俸。年功者。年限已滿。仍復盡力教育也。其所加之俸。由國庫給發。至卅三年。於所加之數。稍有增減。現今全國學校加俸。統計用一百萬圓.
明治卅年.立地方視學官.至卅二年.廢地方視學.立道廳府縣視學官及視學.郡及島廳.皆置視學.自立視學官之後.小學進步益速.
明治卅年.廢師範學校令.立師範教育令.增加生徒額數.
此卅年中.日本小學校.改變最多.有始立未善.漸久改良者.有始時形勢甚合.後來形勢又換.即不能不改者.要皆改而益進.日就完美.是後學制日新.仍當時時改變.粗舉沿革大略.足備中國參考.
日本人始立小學時.自知根柢不及西人.所以崇拜西人之心最甚.小學校課目.盡取之西國.因歐化過甚.十三四年年間.漸起保守儒教之

論是後新舊反覆屢有變更近則不但學術日進即身體亦日就强健.

明治十九年小學校分尋常高等二種.尋常學科.修身.讀書.作文.習字.算術.體操.高等學科.修身.讀書.作文.習字.算術.地理.歷史.理科.圖畫.唱歌.體操.女子加裁縫.廿三年高等學科地理歷史分日本外國.

明治卅三年尋常小學校修業限四年高等限二年或三年四年.尋常小學校科目.修身.國語.算術.體操.依土地情況加圖畫.唱歌.手工.一科或數科.女子加裁縫.高等.修身.國語.算術.日本歷史.地理.理科.圖畫.唱歌.體操.女子

加裁縫。高等二年限内可不習理科唱歌一科或二科。别加手工。三年限内。仍可不習唱歌。别加農業商業手工一科。或數科。四年限内。可加英語。

以上小學校

小學教育。國民之教育也。無論士農工商。皆須先入小學。一國之文明野蠻。全自此分。中學校則教育中等以上之人。一國之文明勢力。全係中等以上之人之智能。

明治五年學制。定中學校科目。分上下二等。各地方尚無中學校。有一種似中學之學校。名爲變則學校。所教漢學數學英語。其下等中學校所定科。國語學。算術。習字。地學。史學。外國語學。窮理學。圖畫。古言學。幾何學。代數學。記簿法。博物學。化學。修身學。理學。國體學。政體大意。國勢學大意。奏樂。凡廿門。上等中學教科。國語學。習字。外國語學。窮理學。罫畫。古言學。幾何學。代數學。記簿學。化學。修身學。測量學。經濟學。重學大意。動物學。植物學。地質學。鑛山學。性理學大意。星學大意。凡廿門。學科雖多然皆未能實行明治十四年文部省定中學校教則大綱。改定教法。十七年。增定中學校章條。是後中學校規模漸拓。而變則中學校。仍以經費不足。不能照文部所定章條辨理。不得名爲中學校。但名各種學校。是時全國中學校。能合文部定章者。凡一百卅三學。十九年大改學制。中學校分二等。一高等中學校。一尋常中學校。高等文部省管。學費出自國庫。或國庫給半。餘由地方籌欵。尋常由各府縣設立。學費由地方籌措。每縣約文部可助給一中學校。是時學校減少。通國止四十四校。廿年高等中學校設立五區。廿四年又改章程。地方殷富。多設中學校數處。瘠苦之地亦須設中學校一區。廿七年定入學年齡、十二歲以上。高等小學校卒業生。或他處從學。與高等小學校第二年程度相等者。是年定高等學校。令廢高等中學校。其尋常中學校。亦删去尋常二字。是時政務擴張。卅二年。定中學校令。學制然煥一新。通國中學校凡二百餘區。

以上中學校

小學校往往男女同校。至高等普通教育時。男女年漸長。須各分教。明治五年。文部省立女學校於東西二京。其後漸有私立者。明治十一二年。地方新設女學數處。東京。大坂。神戶。長崎。橫濱。此數處有外國人租界。耶蘇教會設立女學校。日本女子從學者甚多。其時女子高等教育。尙未發達也。

明治十六年。私立女學校。數目漸多。十八年。設立華族女學校。是時論

者欲一變從西人．女子不受檢束．欲長女權．必應教育．然內地女學校
尙少．女子多至租界入外國女學校．女權張甚．攻擊者益多．於是女學
又衰．
明治十八九年至廿年．摹仿西國之風甚熾．其後保守國粹之論興．與
西學爲敵．至廿二年．倡女權及女子改良諸說．一切收止．議論浸平．而
實在女學更形發達．廿六年．女教益興．女學校多新設置．至廿八年．文
部省設立高等女學校．定立章程教則．是後公立女學校益多．
明治卅二年．定高等女學校令．於是各地方遍立女學校．校內章程．一
一整頓．女學大盛．近來中學校添設者少．而高等女學校添設者多．通

國學校數目。約及百餘。

以上高等女學校

此上所講小學校中學校女子高等學校。皆普通教育。其實業學校。專門學校。以時日迫促。不及講說、別備說帖。幷近世教育概覽書。可參考得之。實業學校。前時尚未興。近始稍見發達。專門學校。種類甚多。初時首先開辦者。惟醫學校。從前幕府及各藩。幷設醫學。有名醫家。亦復私設學堂。明治十年。各府縣亦設立醫學校。十六年。醫學定立通則。　私立學校。即所謂變則學校。中亦多醫學校。變則學校雖不遵文部定章。固亦自有章程。其尤著者。爲慶應義塾。凡維新時唱民權自由之說者。半從私立學校而來。其說有得有失。私立學校。與政府頗有關係。其中卒業生。往往議論不平。然大致爲有益於文明。政府不爲抑制也。

歐美各國小學校學科課程附

獨逸小學校

宗教。獨逸語。算術。圖畫。理科。唱歌。體操。女子則兼家事。

就學年限八年。

英國

就學年限．自五歲迄十三歲爲八年．有第四年學力者．得以免除．

幼稚園

一適宜之誦讀．習字及數學．　二日常事物．　三手工．　四圖畫．　五唱歌．　六體操．

小學校必修科

一英語．讀書．作文．習字．文典．　二算術．　三圖畫男．　四裁縫女．　五歷史．　六地理．　七日常事物．　八唱歌．　九體操．

小學校隨意科

代數．　幾何．　求積．　重學．　化學．　物理學．　動物．　生理．　衛生．

植物．農業初步．園藝．航海術．拉丁語．佛語．威爾斯語．地方學校
獨逸語．簿記．速記．家事經濟．圖畫男．裁縫女．割烹．
洗濯．製乳．家政女．
園作．手工男．
年齡十歲以上入二年以上公立小學校修業年限四年者謂之高等小學校．

佛國小學校教育課程

就學年限．自六歲迄十三歲爲七年．
小學教育分四部

一幼年部。　自五歲六歲迄七歲。　一年或二年。

二初等科。　自七歲迄九歲。　二年。

三中等科。　自九歲迄十一歲。　二年。

四高等科。　自十一歲迄十三歲。　二年。

教育分三種

一體育。　二智育。　三德育。

第一　體育。

幼年部

一衛生清潔之事。　二遊戲。　三手工。

初等科

同上。

中等科

一衞生清潔之事。二遊戲及體操。三兵式體操。四手工。

高等科

同上。

第二　智育

幼年部

一誦讀。二習字。三佛語。四歷史。五地理。六計算。七圖案。

八理科博物初步．九唱歌．

初等科

一誦讀．二習字．三佛語．四歷史．五地理．六法制．七算術．八幾何學．九圖案．十理科博物初步．十一農業及園藝．十二唱歌．中等科高等科並同．

第三　德育

幼年部修身　初等科修身　中等科修身　高等科修身

米國小學校課程

修業年限．大率六年．各州不同．

一誦讀． 八年間．

二習字． 六年間．

三綴字． 自第四年迄第六年．

四文典． 自第一年迄第五年．

五拉丁佛德三國語中擇其一種 第八年．

六算術． 自第一年迄第六年．

七代數． 第七年第八年．

八地理． 第二年第三年第七年第八年．

九理科及衛生． 第八年．

八十八

十米國史．　第七年第八年．
十一米國憲法．　第八年．
十二一級歷史及傳記．　第八年．
十三體育．　八年間．
十四唱歌．　八年間．
十五圖畫．　八年間．
十六手工或裁縫及割烹．　第七年及第八年．

右據千八百九十四年．國民教育委員之所擬定也．

摘鈔日記

東游叢錄二

五月十五日到長崎。上陸見領事。遂赴高等中學校醫學堂。至客坐。少頃學長出導客。行過圖書館藥物室。至第二教場。教場者。講堂也。坐容生徒百人。一層高一層。教習坐後黑板。可推開以通藥室。室中人取藥與教習。以持教生徒考驗。中島謂講堂不可過高過低過大過小。務使師生相語。無反聲相亂。房頂與壁用牙色。不可全白。過此講堂。後至解剖標本室。所列百體。自胎兒至一肢一節。皆若生成者。後入學習所。有學徒用顯微鏡。閱舌及腸中細肌肉。又一室。則講生理學。過之則診視血脈處。遂至第六教場。學徒之坐。則環列向師。餘如前室。學長導入病理解剖室。室中藏有多瓶。皆自病人體中取出各病處結形者。導者又入病蟲室。瓶中所列人體中諸蟲。有無病者之蟲。用顯微鏡視其蟲粗如小指。又導入第五教場。其制略似第六教場。過之入視病室。瘋病室。倭人謂瘋病為恐水病。室中養多兎。謂取瘋人身中血點兎身。則兎亦瘋。再取兎血點狗。則狗亦瘋。學長又導至婦科病室。見有一几分枝。云婦人臥其上。兩脛分據一枝。可視下體病。婦人羞面。以帳覆其上。導者又入驗藥室。所購藥物。別其良楛。中有吾國藥材。又至一室。為製藥處。則化學家事也。別有一室。乃化學機器。其用略如船中機器。後至一室。藏瓶水可發火燒之。亦化學事云。學長導入生徒習業室。每室中容八人。甚寬廠。臥皆在樓上。繼入餐室。學長別設一坐。學徒則同一几。如船中食案。其生徒居室凡三排。每排五十人。以時太迫。不及細閱。此凡學堂之所同要者。最後一室。則生徒初到者。在此室少候處也。歸下晡四鐘開船。

十七日抵神戶。赴松方船廠。松方領客遍閱各廠。初至機器室。觀磨鐵發電機。繼觀穿鐵機。繼觀造輪機。繼觀起重機。繼觀截鐵機。繼觀捲鐵機。繼觀裁製木材機。凡機皆不用煤。用電力水力空氣壓力。謂是新法。繼觀所造新船。乃爲吾國製者。此船成後。將爲朝鮮製船。并用新法製水雷。政府前試驗此廠與長崎廠所造雷。卒用此廠造者。繼觀船澳。謂船澳舊是旋泥。不能作功。政府及西人。均謂不能成。松方堅持開辦。用幣一百七十萬。開深其旁地。安起水機。而閉澳之門戶。使澳中之水瀉入所穿旁地。而用起水機出其水於外。凡三點鐘。而澳中之水皆涸。遂得施功。功成。而國人外國人。皆驚詫謂出望外也。繼觀鍊鋼所。松方謂東亞尙無鍊鋼手段。西人亦不傳此法。此係工學博士等自悟新法。故此室向不令外人觀。廠工閱畢。還坐略談。松方謂日本學校多未善。其前遍學歐美各學。學徒分黨。各有爭心。而不相下。於是有不睦之弊。今則混化各國。成爲日本之學。然分類過多。學者泛博而不能精。又年限太久。及其出學。腦力已衰。皆是蔽也。余問年限如何乃善。答以宜至廿一歲而止。其後用强壯之力辦事。亦是學也。免致爲學時多。辦事時少。
又言彼國興學專重智育。今有德之士殊少。勿再效之。松方名幸次郎。
松方伯之第三子也。
十八日早六鐘。兵庫縣視學官小森慶助。領至神戶小學校。校長芥川
梅次郎導客閱視。學徒一千二百人。旋至商業學堂。校長有村彥九郎。
教師徐東泰導觀商品標本室。陳列百貨。考其良楛價貴賤。旋至實業
肄習室。則銀行關稅英美中國各色貿易。皆通習之。生徒中有二人能
中國語。又有二人爲中國人。其餘所習算術地理等。皆略同他學堂。出
遇小雨。至女學堂。皆幼女。有織帶者。其裁縫室則年較長。餘所學略同

男學堂。此學中多女教習。又後至幼稚園。乳母等教稺兒唱歌。手舞足蹈。皆能整齊。兒皆歡樂爲之。其教百戲。則教師用小木爲型式。令小兒仿爲之。或爲屋。或爲瀛車。或爲山爲塔爲橋梁。兒手有極速者。又有教繪畫室。吾國若仿行此。當不甚難。恐無諸乳母教師耳。閱畢。上火車。赴住吉。小森領至御影師範學堂。其校長松尾貞次郎。云是教育名家。今官從六位勳六等。導觀諸學舍。其格致學化學。皆由教習用儀器試驗。吾擬買此等儀器還國。但恐無師。而所購或非佳品。則不如得師後。由師代購之爲善。當寄書問管學。又至博物標本室。室中尤以鑛産爲要。其動物植物圖式綦詳。至補習室。皆曾爲教師。還學堂溫習。故所服衣非一色。校中附屬小學女學。見諸女用木刀體操。亦皆嫻熟整齊。至講堂。中有明治御像。所謂御影學校也。行至音樂室。人各一室。其樂器皆用西國琴。日本所製音樂。蓋皆師西法。至學徒修業室。每室八人。略如長崎醫學校。蓋學堂所同也。後遍歷餐室茶室浴室廚室。外有菜圃。皆學徒自種。其廚無廚工。亦學生輪值治庖。此學凡學徒四百人。附屬小學二千三百人。其室宇甚多。校長謂遊廊行遍。合中國十五里。其構造時用幣僅廿八萬。今常年經費凡六萬。閱畢。再赴火車。小森視學官於此別去。火車中食英餐。及抵大阪。則諸君結會歡迎者。群來相見。會中備馬車。駕至森吉樓。小坐。遂赴造幣局。局長長谷川為治。大藏省屬官。

金子彌平謂。如中國之三品官。內田公使有書寄語長谷川相見。謂外務部有文移大藏。大藏飭知該局。屬令導閱。旋至一室。列日本歷代錢幣制度。中國歷代錢譜。并歐米各國幣制。旋至驗金處。用試金石後。仍參用化學法驗之。復至化銀處。銀化爲水。又合他藥水。用機器搖之。銀沈瓶底。其浮水中有銀不淨。仍可搖而澄取之。至鍊銀處。蓋閱數手而成銀條。又閱數手而後乃成銀幣。繼至鍊金處。及製金錢處。其法視銀幣尤爲繁多。每至一室。局長親自開鎖。謂工人入內。不令自出。必由官親開鎖。然後放行。其出入必令易衣。以防偷漏。其造製銅錢之處。則未及閱視。長谷川氏謂。晚亦赴歡迎會。遂別去。赴砲工廠。其工廠提理陸軍少將楠瀨幸彥內田公使亦有書與之。是日雨。下午益甚。楠瀨衣雨衣導游各工廠。金子爲譯言。吾輩隨行各廠。衣履盡濕。其製礮始自明治二年。其後屢改新式。每改鑄新式。則改製機器。以其有製造之學。吾國所不能也。楠瀨冒雨導行。吾輩皆甚感之。其鑄成新式礮。以卅七生爲最大。楠瀨導閱畢。仍請入其書室。各飲以酒。謂雨行沾濕。宜飲酒以解之。別後還寓。

十九日晨六鐘。小野德太郎。大阪府視學官也。來領至東區集英尋常小學校。校長成卿槐陰。教習後藤薰。導觀幼童體操唱歌等事。皆甚整齊。其教習有取之卒業生者。出赴幼穉園。小兒戲舞。保姆教習。相與領導。皆有行列。群兒歡甚。又至室中。觀小兒戲作河橋海關輪車等。又有假馬假船木洋鎗等。使之游戲。其教習多取之高等卒業生。故頗通教育。旋至大阪府所立清水谷高等女學堂。觀群女體操。先舞木椎。繼排圓陣。已而四人八人。相與穿花戲舞。教師皆作樂侑歌。繼觀教室。教習爲講音樂之學。將別矣。校長謂學徒已治饌相待。勢不可辭。殺饌爲歐法。整潔可口。飯畢。齊至講堂。校長請余演說。以誘進之。別後已午後二鐘。此校長姓名則大村忠二郎也。本意尚擬閱師範學校農學校幷紡織工廠。閱後赴西京。爲時過促。中島勸勿往紡織工廠。因赴師範學校。校長導入木工室。旋至講堂。遍歷化學格致各標本室。生徒適皆體操。

觀其擊劍。及持洋鎗格鬭。中島謂擊劍古法。可學可不學。持洋鎗格鬭。則人人須學。又有兩人手格足抵。各盡氣力相持。謂之舞蹈。吾去歲爲東文學社名之爲蹶張室者也。此非勇夫不能。其操場則排成兵隊。演習洋鎗。與軍營無異。校長言中學堂卒業。須充兵一年。師範卒業。止充兵四十二日。以其在學堂時早習兵事也。此學校附屬小學校。當師範生演鎗隊時。小學生徒。亦演體操。在操場者。分隊左右牽繩。以爭勝負。在室者皆幼男子。結隊教習。用音樂誘令歌舞。此校長未送名片。而別贈章程書。列名其間。先是。農學校迭致電話。要令速往。至是遂赴之。校長送名片。遺失途間。別贈報告中列其名。農學院陳列標本各國穀蔬諸色盡在。又列蠶桑標本。考驗牛羊病勢。昆蟲形質。樹木病蟲等。皆甚精。其生徒皆赴田實習栽秧。又牛醫騸牛。用德國新法。用刀割取。割後用油藥淋破處。謂免土害。不須縫皮。凡動手止五分時。遍遊田間而別。自始出至此。視學小野先生皆陪遊。至此始別去。是日六鐘啓行。八鐘到西京。

廿日往拜西京府知事大森鐘一。據云大學堂文部所立。府縣立中學。村町立小學。中小學皆地方籌款。不仰國家經費。吾問地方如何籌款。答云。於國稅之外。或加二毫四毫。吾問貧瘠地不能出費奈何。答云視其產業多寡實數定之。不出則用壓力。然日本至今。無敢不出者。問何能得其多寡實數．答由公議酌定．不能大相遠．問地方加派．仍報明國家否．答由地方豫計來年用款．量出爲入．報政府．政府遣官覆核．核定．即照辦．問窮鄉不能立學奈何．答日本無不立學之町村．有山僻不便立者．坿入鄰學．不能坿者．遣教習往．專教之．談久始別．知事遣視學官陪往高等女學校．其規制畧似大阪所歷．割烹室．盥室．習儀室．分本國外國．病室．浴室．皆大阪所未遊者．中島夫人自此學出．今與其妹同領遊學生查視學堂．中島則領余等隨視．學官校長等查視．閱畢．閱卒業生所留書畫冊．遂歸寓．

廿一日與中島率生徒赴大學堂．總長法學博士木下廣次．熊本人爲言此大學校始立五年．諸未齊備．前大學生徒．考法未善．吾今改之．向來年終考試．班中有一人不中者．全班皆留習一年．吾今但令不中者一人留習．其餘考取諸人．皆入第二年學級．又教習與生徒．向不愜洽．緣教習過示尊嚴．吾今專取款洽．使諸生樂相問難．此二事差勝舊章．開辦大學．最爲繁難．中多阻力．吾今工纔及半．君則始謀開工．君將來所歷之難．皆我所已試．倘有所疑問．願悉以相告等語．旋領觀傳電法．叉光鏡．木作．圖畫各室．謂大學必宜有機器局．水道兩事．遂導觀機局三座．此學分四科．曰法學．曰醫學．曰工理學．工理學者．并工科理科爲一科也．曰文學．尚未設立．吾輩前在長崎．已查考醫學．因導觀工理等科。工以鑛工爲主。中兼電化。導至工學教室。謂生徒末座太高。教習須時時仰首。於養腦有礙。此乃實測教室。學徒宜望見師几案所陳。非他講室之比也。導至木工圖畫室。謂凡製造必以圖畫爲根。導至標本室。所陳機器車船等式。皆與眞者無異。吾請將此學校全式。作一木式。寄回京城。工料價核實照付。木下云。不須付價。作爲西京大學。奉贈北京大學之物可也。吾欲問大學書目。木下云。大學無書。緣生徒皆已能自讀書。所講問者。皆各書中深微之理。若欲求書。不如購歐美各報。彼皆大學中講義也。吾問化學格致各儀器。木下云。宜先定教科。然後就各科應用之器購之。乃不妄費。其言皆極精核。別後歸寓。

廿二日赴盲啞學校．其啞可醫者已能作中國語．視吾輩不能作日本語者．不知誰啞誰不啞也．其盲者能捫紙識字．有爲生理學者．有學音樂者．有體操者．其聾啞甚者．教師示以手勢．即知其事．能書畫．聞余至．皆作畫贈余．而盲者作日本詩一首相贈．此等教育．可以彌補天地之所憾矣．其餘學校請游觀者甚多．皆不能往．晚八點鐘．乘汽車赴東京．

盲啞院長曰鳥居嘉三郎．

廿五日赴大學堂．與總長理學博士山川健次郎一談．山川旋派理科大學長理學博士箕作佳吉．理科大學教授理學博士理學士小藤文次郎．理學博士理學士飯島魁．理科大學教授理學博士理學士神保小虎。與野田義夫同率領看視。先看法科。講堂容四百人坐位。講師座後。有板捲上房頂。其末端又向下捲。板用黃漆。滑而有光。謂講師發語。由此板逆折而落諸生座中。乃可遍聞。此聲學事也。房頂用牙色。壁用石灰。勿令過白。恐傷目精。此光學事也。地板下均有瓦斯管。冬令能通熱。此氣學事也。別一講堂。生徒坐位層累而上。愈後愈高。其房屋坐位高下之度。皆有定則。凡案與坐位相距高下。係依日本人身材爲度。中國人身高。則高下相距。宜別定矣。過圖書編輯所。入顯微室。有小鏡機在南。蔽室光使暗。以極小之物納鏡間。能令其形遍滿北壁。繼入圖書館。有書卅一萬三千餘部。中國日本書十七萬餘部。餘皆歐美書。繼入動物學列品室。箕作導觀之。備列各國山海所產奇物怪狀。入地質學列品室。觀鑛物。古生物。地層中生物化石。小藤飯嶋分導之。各爲解說。甚明顯。繼至物理實驗所。用顯微鏡觀鑛物中細質。皆五色斑斕。繼至動物解剖室。觀學者用機器解剖細微之物。至爲乎妙。十一點鐘還庽。山川勸中國開辦時。宜先小辦。漸漸拓充。又勸大學中必立醫學科。最爲國民要務。山川自明治九年在大學。至今十有六年矣。所贈醫學工學書皆英德文。

廿六日。赴大學堂。閱視工科。教授工學博士工學士辰野金吾相見。遂與工學博士理學士高松豐吉導閱機械工學。應用化學。造船學。建築學採鑛冶金學土木工學電氣工學每導觀一學則由其學科之教授導示其人皆不通名刺辰野高松而外僅中村達太郎眞野文二有名刺眞野爲實業學務局總長兼機械工學第一講座分擔中村則建築學第一講座擔任兼第三講座分擔皆工學博士工學士也其餘則皆不得其姓名其機器有壓鐵機有拉鐵機有扭鐵機試驗其拉鐵機用英尺八寸使九萬四千斤力之機器牽引其上下兩端能令八寸之鐵拉長三寸八分三過此則此鐵斷裂機械工學科有吾國學生三人沈琨張鍈緒皆直隸人高淑琦浙江人應用化學科有吾國學生一人張奎江蘇上海縣人在大學堂學造軍器教師謂此諸人皆已卒業皆願

再留學一年。張奎即管學所札調三人之一也。教師謂此諸生所學。皆與日本人畧等。惟未入中學校。有浙江人陳幌者。曾在第一高等中學校卒業。今入大學。其學已甚高。陳幌廪貢生。工科閱畢。理科以昨未閱者尚多。諸教師仍在學相候。遂再往觀。歷實驗場。光學室。暗室。格致試驗教室。觀其使空氣成水法。還寓。下午四點鐘。拜文部大臣菊池君。菊池諄諄以體操相勗。又謂大學校現已放假。惟高等女子師範學校。及高等男子師範學校。尚未散。可先觀。又請觀各學校給予卒業文憑。謂無關教育要義。亦教育中一規制也。大學編輯所贈日本史料。日本古文書等。帝室制度調查局主事關謙之來拜。蓋昨與小村外部言。欲遍覽彼國制度.故小村遣來相見也.

廿七日赴高等女子師範學校.校長高嶺秀夫導觀各室.其教習多取之高等卒業生.其教窮民女子.有一年二年與三四年之學級.幷教於一室者.年分一行.教此行以此業.教彼行又易彼業.校長謂余.此教貧鄉不能多立學之法也.高等女學校專攻科.皆有物理學化學.是日校長留飯於學堂.殽饌皆學生所辦.教授槇山榮次.南摩綱紀.有名刺.南摩年八十.有自壽詩索和.旋至新聞報館.其機器一點鐘印二萬四千張.可謂極速矣.

廿八日赴高等師範學校.校長嘉納治五郎.外部派小村俊三郎伴客.

文部則派野田義夫日日伴往各學。外部今日始有人相伴。其國待外國人可謂盡禮。此學校爲森有禮所創。初止容百人。其後來學者寖多。添置屋宅。分在數處。此初時基址狹小之過也。學中習英文者甚多。一室習德文。無習俄文者。觀漢文教習講左傳。所講皆粗淺。此國漢文不復措意矣。至標本室。試解剖機。機爲教員邱淺治郎所自製。邱君理學博士。爲本校評議委員。觀化學室。教師用鏹水化鑛石。用藥水數種。分鑛產之爲金爲銀爲銅鐵鉛等。各以色別之。又試提金法。銅鐵襍者。以鐵絲入瓶中。銅隨鐵絲而出。銀銅襍者。以銅絲入瓶中。銀即隨銅絲而出。觀格致室。教師試驗磁氣。以鐵燒紅。持一鐵條按於紅鐵上。即有聲。

聲之大小。隨按力之大小而異。恐觀者不明。又取一物。橫懸長短鐵條。分爲六七層。以次漸短。謂擊鐵之聲。入於鐵中。不擊則聲復由鐵還出。鐵長則聲長。鐵短則聲短。能明此理。即知無線電之所以能傳。以電力有聲。傳於空中。惟人耳不能聞。此聲傳於空中。即成聲浪。電雖無線。聲浪已由此端傳於彼端。欲試其法。即用兩鐵片傳於磁鐵之兩旁。下通電線。電力傳於兩鐵片。此易知也。持一玻璃於兩鐵片之中。兩邊均無倚著。而電光入於瓶中。此無線傳電之驗也。此猶去電線相近者耳。置電機於東。置燈檠於西。電機發力於東。而燈光已明於西。相去甚遠。而電光已傳。此聲浪所傳也。持小筒吹於東。而西方之燈光受其吹拂之力。雖面向南吹向東吹。而西方之燈光。皆受其吹拂。而爲之高下。此聲浪所傳也。是日留飯於學堂。吾輩自給貲費。蓋學堂並無待客之費故也。別後遊美術學校。觀塑像繪畫雕漆各術。

廿九日赴華族女學校。學監下田歌子。從四位兼敎皇女二人。謂之常宮周宮。其人深於敎育學。此學校主辦廿餘年。頗以吾國女學爲意。其幹事爲正六位勳五等淺岡一。導觀各室。體操甚整齊。作字皆懸腕。下田留飯。飯後聞學徒彈箏。箏中國樂。今少知者。日本乃習之於女學校。吾甚愧赧。其歌詞皆下田自撰。尤難之難者也。

六月一日閱視大學醫學堂。教授醫學博士片山國嘉爲法醫名家。據

云訴訟者多似被殺。解剖則係病死。又或外似病死。解剖則係被害。自
醫學大明。裁判所甚得裨助。此吾國所急宜講求者。歷遊考驗毒物室。
生理化學室。生理室。解剖標本室。皆他處所未見。小村邀至花園午餐。
謂是外務部餉備者。飯後。醫生解剖病人左腹。於胃穿一孔。使納飲食。
主持者神情閒暇。未幾而畢。旋閱病室。眼科解剖標本室。餘未及遍觀。
出赴音樂學堂。觀卒業給憑禮。學堂在上野公園。音樂學之德國。而用
日本詞調。甚可觀也。
三日閱農科大學校。校長松井直吉先來相候。旋導觀化學動物昆蟲
學。於蠶學尤爲精審。既取有病蟲之蠶。別置一處。又將蠶所生之蟲考

其有毒無毒。繼觀獸醫學。陳列標本極多。有自牛胃中取出大圓石如椀大者。又取牛身之病蟲。納之合生牛溫度之室養之。則蟲皆活不死。見診狗病者。狗皆帖耳受治。似若有知。繼觀田苗。各用木區分爲界。試苗之肥瘠。繼觀林學。茂木蘩立。人行綠陰間。至其極密處。則兩人爲撥開翳障。乃能得路。以雨不能竟。遂乘輿歸。校長在樟腦室相候。其前一室。燒木炭。兼取藥材六種。其製樟腦。不用樟木。但取樟葉爲之。皆新法也。學長贈農學報告。皆西文。其森林學長查視閩省林木。爲圖至詳。其遠謀所注也。

四日。閱工業學校卒業授文憑禮。因遍覽工業圖應用化學電氣化學色染機織陶業機械金工木工各室。而不暇詳詢。其職工徒弟學校。尤切吾國之用。蓋取百工子弟。各教以工業。不課其文學。但令技藝改良。此用最廣。其機織亦吾國所必宜效法者。

五日赴盲啞學校。所觀多西京已見之事。校長小西信八導客殷殷。與木下廣次相似。聞其在盲啞學校。已廿餘年。啞生中有中國人。卷所畫花卉贈余。已而校長遍取各生畫相贈。其盲生能音樂。校長挈至講堂。彈箏歌唱。請余演說。後代諸生作答詞。用鉛板使盲生以機器刻入板上。別以紙印之。皆盲生所習隆起之字形。吾請其以日本字注其旁。詞意頗善。又觀盲生。用新法按摩治人疾病。此西京所無者。

六日閱常盤小學校。文部所管學校已閱竟。此乃市立者。畧觀幼稚園。尋常小學。高等小學。此學體操場去教室太近。室中講授。室外喧譁。殊爲非宜。小學兵操甚整齊。旋赴女子美術學校。校長藤田文藏。校主佐藤志津。蓋即其規則所列之佐藤靜。醫學博士佐藤進之夫人也。此學經費。佐藤志津獨任其太半。舍監橫井玉子等。領觀繪畫刻繡裁縫音樂各術。并聚諸生於講堂。請余演說。冒雨歸。

七日赴大學校。觀卒業給憑儀式。是日明治天皇。臨幸大學。立於位。諸生進見。再鞠躬。校長位在左側。諸生領憑於校長。退復位。鞠躬。再退三步。然後轉身還就其位。學校中有職事者。來觀禮者。各序立兩旁。皆肅穆。此次卒業生尤賢者十三人。天皇皆賜予金表。此學校中大禮也。

九日吾問花板垣維新以前學堂課本。據云四書五經史記漢書。吾國自八股盛行。無人能讀史漢。鄙論嘗謂六經四史不可廢。近日議興學者。亦絕不議及四史。蓋所謂史學者。記事跡而已。僕私心病之。今聞花板少佐此論。吾又爽然自失。恐吾所勤勤謀改革者。適得日本德川幕府時之舊蹟也。

十日閱富士見小學校。東京所公立者。其房屋甚狹隘。聞名人多出此學中。則教法善也。午後至弘文書院。嘉納爲吾國來學生所立者。房宇尙未竣工。外部侍郎珍田捨已。學校師矢津昌永均來與坐。學徒雖未嫻熟。然本國無此堂也。出過同文書院。

十一日閱東京市立師範學校。此學附屬小學。師範生徒年限四年。實則三年半卒業。以半年爲小學教習。實試其師範之學。半年輒復易師。故小學每室必有一訓導。久教不更易。又學校中管理經費出入者。乃大藏省所遣教員一人經手。此法最善。

十二日閱東京第一中學校。校中諸生應考。不能細觀。觀博物學。教習解剖蝦蟇。及電學運機。分水中二氣。及分光爲七色諸法。光細分之得十一色。又有所謂佛氏暗光線者。本日陰雨無日。吾所見者三四色而已。

十三日閱東京府女子師範學校。此本男子師範學校。以地狹移他處。改爲女子師範學校。中附小學校。高等學校。其當級學科。不分年。自一年至四年生。皆一師教之。其師最難。然亦吾國所宜效也。女子師範生卒業前。亦以半年實驗教習小學之事。與男子師範學校同。

十四日閱東京共立女子職業學校。此校乃私立。貧家女子不能入官立學校者。入此學中。學成各藝。所得之利。以半歸學校。半與本生。其退學亦可自由。又可在家製成物事。交學校評隲高下。寄售得價。其課程以裁縫刺繡編物繪畫剪綵作花數者爲主。吾謂此吾國可推行者。

十七日訪伊澤修二。教育名家也。臺灣興學。伊澤之功。吾意中國創辦。

與臺灣始教略同．伊澤允將臺灣教育各書送我．

十九日閱陸軍幼年學校．此校中央地方兩等而合在一處．生徒業已放假．無可觀者．出至成城學校．遍閱中國留學諸生．各以數語勉勗之．

廿日閱仕官礮兵戶山三學校．仕官見講師授築城學．見授德文．見擊刺．用槍用刀．皆西法．見馬操．礮兵操．見授理學．論礮圜徑大小．藥力漲縮等．工兵畫圖．明土且崩．牆若干厚能支．不能支之理．見擊刺．見體操．以手捋雙繩．如秋千．又有攀高木．如盤槓者．皆絕技驚人．戶山為初立之學．始以教老弁．今已改教初學．見體操．盤鐵槓．先單槓．後雙槓．見軍樂．樂有　大清樂歌．有日本樂歌．見擊刺．歸寓．

三十二

廿一日閱近衛師團第四聯隊師團。按視兵士寢食處。閱體操擊刺排隊諸式。觀講師授兵卒軍中應知諸學。

廿五日赴巢鴨風病院。院長吳秀三芳溪所函招也。室內列風病人腦骨腦髓。及所作字畫器物。歷觀各男女病人。有圍棋者。有作音樂者。有怒駡狂走者。有歌唱者有自稱皇帝或高官者。有裁縫若無病者。芳溪索詩爲賦一絶云。

卅日與小村俊三郎。携啓兒赴古城貞吉之招。席在靜養軒。主人八人。小村謂皆教育家。吾請各以一言相贈。古城貞吉勸勿廢經史百家之學。歐西諸國學堂。必以國學爲中堅。阪上忠之介勸不必關懷教本與教育方略之良否但先使子弟强學取範日本卅年前阪本嘉治馬勸打破舊弊岸田吟香亦勸掃除錮蔽是第一著手又言渠輩編譯西法教育欲裨益中國學事小林弘貞言教育之要在陶冶品性杉原辨次郎言如能同文通意則於彼我文化大有便易名鹽佐助無言古城云渠年少不能爲君吐屬小村俊三郎云變法必先變俗變法屬政事變俗關教學其大任在君身握要也古城謂移易風俗聖賢猶難五方交通學有長短如廢貴國之文學則三千年之風俗無復存者人則悉死政則悉敗矣是故英國有保守黨以制西人之輕浮狂簡也

七月六日訪大隈伯其人精爽所論教育甚當謂吾經史詩文之學止

宜用之大學專門。不宜用之普通教育。吾國書太繁多。當選定學堂教習之書。其學生查考之書則可自由。漢以後學漸支離。當求復古。以周爲主。始立學。所定不能盡善。後可隨時改定。皆通識也。

十五日與岸田吟香往游築地活版製造所。其鑄字攢版印刷等事皆與大坂朝日新聞報館略同。局內附小學堂。學徒成蹟。多可觀者。

十八日與服部宇之吉。約於文部官舍相見。遂定文部應講事目。

廿二日長尾槇太郎字雨田見過。談教育事甚詳明。謂日本初興學。取諸州縣貢進生。入大學豫備科。使學西學。其後中小學校既備。而後貢進生之制度始廢。今吾所欲推行者。即此貢進生之制也。

廿三日高島張輔來。高島謂中國之教育。有益於心。西國教育。有益於身。不可舍己從人。當取長補短。所言甚扼要。問西國所長。我當取者皆何等。高島言五事。一醫。二兵。三理化。四鑛學。五機械學。吾國士夫。知學此五者。可以自立矣。

廿六日查閱日本銀行。其總辦山本君。談事入理。據云日本初欲理財政。不知何法。伊藤博文至美國。始知有銀行之事。歸而仿辦。各州立一官銀行。用美法也。久之。此諸銀行各郵其私。不能調劑公中緩急。於是遍考西國。以德國與白耳義之法最善。取而則效之。今立中央銀行。用德白二國法也。銀行之法。德視美爲善。美板而德活也。美國謹持章程。

雖市面變換。銀行不能變換。德國則銀行隨市面轉移。所以爲善。又言銀行總辦。宜用精於商賈之人。不宜用官。用官則情面多。最礙生理。國家銀行。政府主持。但政府常換人。銀行當守定章辦理。不可爲政府所移易。

廿八日中島錫胤來訪。爲言警務道路。皆難妥辦。吾問何故。中島云。此二事開辦。其弊甚多。不易去也。吾問何以去之。答曰此難預言。有此人行之無弊。而彼有弊者。有此地無弊。而他處有弊者。吾謂見弊即改。何如。答曰是也。但察弊之人。須明瞭耳。

廿九日查視地質調查所。其地圖分黃紅青白色。以別礦產火山花崗石農田各質。其校長爲余言。日本與中國。古時連接無海。今日本地內得有象骨所變之石。象乃熱帶所產。隔海不能來也。今日本西至中國。海深僅百尺。其東則海深二万尺。足見西海先時爲陸地也。又東海海草多種。西海則種類甚少。亦其一證。其圖考。視石油深淺脈絡。極精審。其測繪諸器。多購自歐美。有一器。人用手持器繪刻。而器於彼端又自繪刻。較手刻者縮小一倍或數倍。其標本所列各石。及金銀砂水精瑪瑙琥珀等。又有魚變石樹葉變石者。其分別土性。則爲農業而設。專考地面一丈深以內。其察吾遼東半島地質。著爲書。列圖明之。有瓶貯金州土之未化分者。及其化分。則分爲八等。入化分室。見其土用暖水化爲泥。而别以藥水入之。轉爲黄水。繼以他藥入之。轉爲緑色。復以藥水去緑色。仍還其舊。以此等藥化分各性。其學絶深奥。又有藥水分土中應缺何質。用何肥料補之。此西國農學之所以遠過吾國也。下午至印刷局。其規制最閎敞。而機器不如大坂每日新聞社之新。其局有衛生官。其局長後至頗殷殷。又局中七百人。時時防火厄。每用二分鐘時。使七百人聞號聲。一齊奔出。爲避火避地震之態。既出各依旗下。列陣不亂。其無事復入各隨旗序入。秩然不失行列。此次演習以示余。此法學之德國。吾謂凡學堂公所聚至千人。皆宜用此法也。

八月二日。查視電報郵便局。合二事於一局。局長導觀各室。其用人至千餘人．執一事．勞佚均平．井井不亂．是其難也．午後往訪前文部大臣濱尾新．談教育甚久．多切要語．其言處万國交通時．非一國之學所能獨立．必兼各國之長．與之角勝．乃能與列强并立於世界．日本初時屢戰屢敗．自知不敵歐美．人人欲取彼長以益己短．又見內國權利寖爲外人侵奪．不講西學．不能收回．皆是事勢流激使然．初開辦時．學科甚少．而程度頗高．明治九年．大學堂始有卒業生．其所學視歐美留學卒業回國者．不相上下．開辦之始．令各藩遣人來學．大藩三人．中藩二人．小藩一人．如其額．當得七百人．其時來者甚少．各藩所遣．不過百餘人．謂之貢進生．所聘教師．皆外國人．始至學習語言．能言然後受學．貢進生皆有根氐。成學甚易。今中國可仿辦也。日本用外國教師時。多不如法。如醫學用德國之書。而教師爲法國人。又以英語講授。自迂其途。中國宜改此弊。懸揣中國。先宜設立醫科工科。二者皆實業。有速效。足使國人信向。吾兩國本有文明。今所增者西國之文明。本國原有之文明。皆精神上事。西國之文明。皆制度上事。以吾精神。用彼制度。是用彼之長而不爲彼所用。不似波斯埃。及本無文教者比。今改西學。其舊有之善者。自可留而不改。至普通國民教育。不可置爲後圖。欲與列強爭長。但有專門學無益也。

三日查閱東京區裁判所。

四日查閲東京地方裁判所。此所多一豫審廳。蓋判事獨問訟者。然後定其曲直。訊之公庭也。下午查閲麥酒株式會社。其造酒機器。大率取之德國。

五日查閲控訴院大審院。大審院判事長谷川喬。持示辦案一稿。自始至末。文牘視吾國尤多。惟不似吾案卷之重複耳。又言原辦罪輕。其後上控定罪。不能加重。如此案強盜殺人。原審定爲無期徒刑。犯者不服。控至大審院。院中判犯者應入死罪。然以原定輕罪。不得改而從重。仍定爲無期徒刑云云。如此則用法寬縱。徼倖者多矣。大審院檢事代理總長。爲言改律之意甚詳。仍約再見。啓論意甚殷殷也。

六日訪細田謙藏。與同過田中不二麿。途間車子傾跌。吾受傷。鼻出血。赴新地醫家洗治。田中爲論明治初年教育甚詳。細田爲記其語。遲日寄我。

七日晨查警視廳。其衛生學尤精要。午後往查慈惠病院。施醫貧人之所。其國皇后。每年助銀七千圓。每年親臨一次。按視病者。

八日晨往視監獄。獄內潔靜。囚人衣赭。各治工業。所成之物。賣價歸國庫。其善者有賞。存候出獄時與之。幼年十六歲以下。立學堂教之。令衛生益精。在監千餘人。病者僅廿八人。其病院多空室。初入獄者。恐其有傳染之疾。先令在病院留羈五日。無病。然後入牢。牢中隙地皆種菜。囚所治也。在監重得過犯。別置一室。減其食。自七日以下。獄官導示畢。出視養育院。院分男女。其病者看護婦守視之。病重別置一室。天行瘡毒肺疾等。又別置焉。甚者送入避病院。嬰孩爲謀乳食及牛乳。院內有幼稚園。保姆教之。如學堂也。下午與小村同訪井上哲次郎。其言教育精神。在知實現理想之重要。理想在腦。能驅人使赴向上之域。有活潑之氣。若自國家言之。宜取東西文明之粹。打爲一塊。以立理想。

九日晨遊日本橋區警察署。見其所用書記甚多。其俸則甚少。月自十五圓至廿五圓。此蓋尙未善。在官之祿不足自給其家。非法也。獨吾國吏胥全不給祿。爲吏弊耳。下午至文部省聽講。

十日至文部省聽講.
十一日閱東京府.知事導觀各室.又出觀度量衡各器.午後文部省聽講.
十二日閱區役所.所長導觀各室.
十四日午後.文部省聽講.
十五日午後.文部省聽講.松村茂助講教育大意.已竟.至學校衛生局.其課長醫學博士三島通良.略示衛生儀器.第一器爲考查光度.其器爲一圓形.中開方.每一大方.縱橫五小方.前橫一長鏡.可低昂.開方器後有指南針.校準高下偏正.對光所入牕.即有日影射在開方器面.視

光所占幾分。即知得光幾度。第二器爲顯微鏡。用以考查空氣中微生蟲。第三器爲一銅架。架上一橫管。右有銅管下垂。別用一長形管。如蠟狀。塞其下端。納入下垂之銅管中。左有長形顯微鏡。列於橫管之端。謂可考查室中光。應用若干蠟。如需用蠟十枚者。僅用九枚。則光力不足。於衛生有缺點也。第四器則考定學徒身長尺寸。製爲几櫈高下遠近長短。有一不合。則學徒受其病。至學徒坐法偏正。皆有絕大關係。

十六日午後。文部聽講。歸與長尾槇太郎及章仲和吳止欺訪副島種臣。副島甚款洽。其言學堂。謂初辦勿求備。當易行。其談鋒甚快利。喜稱吾舊史。

十七日午後。文部聽講。其講學校衛生者。三島通良。衛生之專家也。晚赴教育會學制研究會二社之招。其教育會。全國教育家盡在。爲日本最大之會。足以見其興學之盛也。

十八日午後。文部聽講學校管理法。講者野田義夫也。

十九日。訪外務省政務局山座圓次郎。山座論及留學生事。告以私費生有益於國。望外部愛惜保護。以振敝國新機。山座謂分別官私。乃中國當道之見。日本無此意。日本往時游學米國。亦不分官私。亦好與本國公使爲難。歸而與當道亦不合。此各國所有。但要學成而國家貞用耳。今日本待中國留學生加等。令其但學二年。便入大學。因本國學年太多學級太高係屬一蔽故特改良本國學生前在米國只隨米生一例米不特爲日本優待也吾曰此可極感但聞日本大學校近均用歐文吾學生來學僅二年於貴國語尙難學好未能更學歐文不能聽講殊無可受益山座云此在學生自力今來本國留學者中國朝鮮印度朝鮮政府十餘月不寄學資諸生日赴使館寄食自不能一心勤學印度學生嚮學獨銳中國學生則心頗弛懈賢於朝鮮而不及印度也吾問印度學生英人送來乎抑印度自來乎山座云印度雖屬英國其下略似封建此其藩主自遣來學亦有私費生吾以中國驟難遍施國民教育意擬先取年廿內外聰穎子弟中國學已成者爲延西師教之公

學。分科略少。何如。山座云。此策極善。本國初立學校。由各藩貢進生徒。謂之貢進生。今外部大臣小村男爵。其一也。各國初開教育。畧皆如是。吾問前遊文廟。中坿博物館。館中有暹羅送來學校圖。究竟暹羅教育今何如。山座云。暹羅國王最明。其子弟多送歐洲游學。有子八十餘人。身甚強健。其國民愚劣不能開化。其國用專倚中國寄居人。中國無公使領事在彼。雖暴歛無如之何。近中國人立一會館。延本國人爲顧問官。稍有恃賴。其國民爲下等。中國人爲中等。彼皆不欲教育其立學校。殆專爲貴族設也。晚赴經濟協會之招。問財政七事。

廿日。孫多鈺兄弟來訪。孫曾在美國中學校肄業二年。據稱所居學堂。

乃華盛頓公家立者。內分四科。一格致。二文學。三商務。四工藝。格致分十一科。一德文法文。二歷史。三地理。四算學。五普通物理學。六化學。七動物學。八植物學。九繪畫。十音樂。十一體操。每人止學四種。每日止學五時。其文學科。不用德法文。易以拉丁希臘文。餘同格致科。其小學八年卒業。中學大學皆四年卒業。午前訪加藤弘之。午後訪外部長官珍田捨巳。珍田詢及留學生事。吾請其官私學生皆一律待遇。珍田言有不能盡同者。如教員學生。皆有定數。私費生或有不能遽收之時。吾謂此等自不能相强。但官生可入。私費生亦請收入。如同文弘文等學專教儆國生徒。當無學舍不容。師生額滿之弊。珍田言。自成城學校外。他學皆可入。但學生有與政府反對。或來歷不明之人。非有本籍地方官文書。礙難收入。吾謂成城亦自可收。前時吾學生九名請入參謀本部來函。亦止言公使不保。礙難照收。幷非學中有不收章程也。至學生與政府反對。實無其事。若欲明其來歷。則近來學生會館有幹事。若五人保一人。決無他慮。且吾學生中私費皆有餘之家。開化之士。豈有學歸謀反者乎。此可請放心也。珍田又言官私自是一律待遇。事勢有難畫一者。如學舍可容十人。自應先儘官生。後再收教私費生。吾謂此亦一定辦法。我所以兢兢論此者。緣吾國財政支絀。官生不能多送。私費生不用國家資給。正當獎勸招徠。若一有沮滯。實於吾國維新有礙。所關甚鉅。珍田然之。然觀其意旨似不易辯明而信從也。

廿一日午前訪司法大臣清浦奎吾。清浦言日本維新之始。自開學校。不如遣學生遊學歐美。學成歸國。政府破格大用。甚賴其力。此已成之效。貴國亦宜仿辦。其言最爲切中。午後文部聽講。

廿二日晨與孫多森蔭庭。多焱履平。多鈺章甫兄弟同游高等商業學校。校雖初立數年。未臻完備。然學者日多。規制日拓。其學首商業道德。畧分私德公德。其公德尤我商家所少。午後文部聽講。晚與日戶君同訪太田。坐上遇法學士關皆治。吾問法學書何者最佳。答云法家門類甚多。書佳者亦甚多。今概言之。則大久保法學通論最善。吾問貴國近專用德國法律乎答言亦兼英國但英書無次序然中有佳者德所未有吾問法人拿破侖所定法書聞最善信乎答曰在當時最善今則難用吾問貴國前用吾法律今尚兼採乎答曰親族一門仍用中國法吾問西法亦有與中法同者乎曰多有究竟孰善答財產一門中法最疏畧西法最分明吾問何國最善答曰行政法德國最善民法刑法英最善外交法佛最善

廿四日早遊東京府第一中學校校長勝浦鞆雄留飯爲言教育以中國字多難記爲言吾告以近有人作省筆字勝浦大奇之以爲中國若果行此普通教育進化必速也吾謂日本中學功課多而時刻少學徒

無益渠亦謂然然亦無可如何雖每七日止學一二時者亦較勝不學

午後文部聽講

廿五日早閱大橋圖書館始大橋佐平曾創立博文館又用資本金廿万圓設博進社明治卅三年議開圖書館出資金十万圓維持費二萬五千圓甫經營而病死其子曰新太郎卒成其志其閱覽室分男女樓上可容百六十八人樓下閱新聞報及新刊雜誌書可容百人現藏和漢書三萬册西書二千餘册內國雜誌三千五百册外國雜誌五百册計三萬六千餘册每日午前八時九時至午後四時五時開館閱書者到門購求覽券乃得入一次金三錢若購十次金廿四錢求閱新報者

減半價。其所閱書。於劵內注名。還過即蓋館中印章。出門時繳此劵。其查檢書目。送書收書。皆極速。章程甚善。余以倘書及姚氏漢書平點。近著風土記三種。贈之。午後文部聽講。

廿六日。小病未出門。吾前鈔東京府第一中學校第五年級日課表。恐其遺失。附記於此。

曜	第一時	第二時	第三時	第四時	第五時	第六時
月	代數	史	三角	漢文	英語二	
火	英語二	理化	體操	博物	英語一	
水	英語三	修身	三角	史	國語	
木	漢文	理化	體操	地理	英語二	
金	英語二	史	國語	英語二	代數	
土	英語三	體操	理化	作文	幾何	

英語分三法教肄。故有一二三等字。第六時可爲曠功補習之用。

同文書院日課表　第一班

	第一時	第二時	第三時	第四時	第五時	第六時
月	英文	歷史	國語讀本	會話	英文	數學
火	歷史	日本文	理化	會話	代數	
水	代數	作東文	理化	會話	英文	數學
木	歷史	會話	代數	英文	地理	幾何
金	數學	歷史	理化	博物	英文	地理
土	幾何	作文	英文	理化	圖畫	

近又議改功課。大畧與前相等。其體操每日卅分鐘。不在此日課之內。

邢贊廷言。算學日本語。此學堂中進步皆緩。算學暑假時。別從一師習之。一月中抵學堂五月之一倍半。學堂五月。僅習得半册。暑假學一月。已盡一册又半。其相懸如此。英語現亦不在學堂中學習。晚間别在正則英語學校中學之。學堂五閱月。僅習英語書二册。正則學校三月爲一學期。期内能盡五册。亦遲速相懸甚遠。
廿七日。赴華族會館。應躬行會之招。遇青木少將。問兵制。青木爲言通國十三師團。每團平時八九千人。臨戰時一萬四五千人。一兵士平時除衣食住房外。每月給一圓半至二圓。臨戰時加倍。每月給三圓至四圓。兵分一等兵。二等兵。又有上等兵。故給餉不同。每年國家費兵餉約三千萬。兵衣食費約每月十餘圓。其後備豫備兵。有事聽調。無事不給餉。青木又言中國留學生在成城學校者。每不受約束。陸軍以號令嚴明爲主。學堂之約束。即將來軍中之號令。不能受約束。便成無號令之軍矣。意欲退出幾人。以警其餘。余擬轉告諸生。警戒之。

廿八日。午前。體育會卒業。招往觀藝。午後至文部聽講。

廿九日。晨與野田義夫往上野遊覽博物館。其歷史部。考求古時物事。及各國風俗。最足開誘民智。其鑛物亦極富有。礦石中有象脛所變石。鯨魚所變石。尤奇偉。出觀動物園。鳥類多不知名。獸類有獅有象。又多儲各國異產。午後文部聽講。

卅日午後。文部聽講。

五十八

九月一日午後．文部聽講．

二日午後．文部聽講．

三日．訪菊池文相．菊池爲言見各國歷史．無不以造成爲國辦事之人爲急務．中國興學方針．當注意其國民教育．結成一國團體．亦不可緩．日本明治十年至廿年間．大學程度尙淺．於中國目前最爲合用．今日本在位辦事諸人．多是此十年所造成者．救急應用．非硏窮學術之比．程度不必高．但要適於實用．醫科工科最宜先講．其成效著明．能令人信從．法科亦要．國無法學．不能治也．中學校日本固未盡善．現今各國學校．皆以德國爲師．法德之中學校．亦尙未完美．中國可緩辦中學校．

專重大學小學。各省不立大學校。可立專門學校。學徒卒業。即可出而辦事。不必更入京師大學堂。京師大學堂旁設一豫備學堂。考取十二三歲之學生。教之。使爲入大學堂之階梯。小學與大學不相接屬。亦無妨礙。小學卒業。爲農爲商工。各任自由。大學由豫備學校升入。若必欲與小學相接。則豫備學校下。更設一豫備學校。相續遞升。俟學制漸備之後。再立中學校。最切實用。日本初辦學校。亦止大學小學。緣中學校本爲第三義也。菊池又言。專門學校。宜令早出辦事。年限以廿一爲度。多則腦力爲學所累。大學校專研究學術。稍久至廿四五不妨。

五日午後。文部聽講。

六日午後文部聽講自八月廿九日至此皆視學官野尻精一所講普通學校粗畢其專門學校大學校皆未講以時日迫促不能終講遂止於是

學校圖表　三島博士衛生圖說

文部省總務局學校衛生課長
文部省學校衛生主事
文部省學校衛生顧問會議幹事
東京高等師範學校教授　學校衛生學
東京帝國大學醫科大學講師　學校衛生學
東京高等工業學校講師　工業衛生學

醫學博士醫學士三島通良述

體育｛教育上體育／國民體育｝强壯有爲之國民

體育之目的

一保健（又保壽）練磨身體養成天然之美。長遂其健康。保持增進。併增加力量與忍耐之性質。

二富國（又殖產）軀體四支。從心君之所命。而爲機敏巧妙之動作。以從各種職事。

三强兵 健康之體。有剛毅精神。能守規律。協同一致。義勇奉公。以完天職。

體育之方法

體操 普通兵式

遊戲　各種武技水泳遠步打毬角力等

衛生
- 公衆衛生（國家衛生）
  - 普通公衆衛生
  - 學校衛生
  - 工業衛生
  - 市街衛生
  - 車船衛生
  - 行旅衛生
  - 獸畜衛生
- 個人衛生（個人衛生）
  - 普通個人衛生衣食宿等
  - 小兒衛生
  - 婦人衛生

生理學
衛生學
眼科學
兒科學
精神病學
心理學
地質學
氣象學
造家學

學校衛生學
- 校地選擇
- 校舍建築
- 教室構造
- 採光換氣
- 取煖方法
- 校具
- 學校病
- 學校醫
- 體育
- 授業休業

教育
- 體育
- 心育
  - 德育
  - 智育

學校衞生機關

中央
- 行政府
  - 文部省總務局學校衞生課
  - 課長　學校衞生主事
- 諮詢府
  - 文部省學校衞生顧問會議
  - 顧問九人　幹事一人

地方
- 行政
  - 府縣第三課學務課
  - 地方視學官　府縣視學　郡視學
- 技術
  - 公立學校學校醫

文部省學校衛生課事務

一學校衛生之事

教育法令衛生之事項

教授管理等衛生之事項　選擇校地建築校舍衛生之事項

學校病理之事項

二學校醫之事

學校醫之資格委任職務等事項

三衛生統計之事

學校生徒教員身體檢查等事項

五

四學校衛生顧問會計之事

諮詢案之調製審查其他會議事項

學校衛生主事掌學校衛生上行政事務併學術上之研究

學校衛生行政之統系

文部大臣

- 總務長官
  - 學校衛生主事　視學官
    - 地方長官
      - 視學官
      - 學校

學校衛生智識之養成

高等師範學校學校衛生學教授

師範學校學校衛生學教授

學校醫之養成

東京帝國大學醫科大學國家醫學講習科學校衛生學教授

講習生資格醫學專門學校卒業者.及經試驗有同等學力之

醫師.

各種衛生器械圖說附後

七

製炭酸定量器緣起

明治卅一年二月、文部省令第六號、學校醫職務規程第三條第一項、命學校醫當檢換氣之良否、其法先究教室之構造、及窗檽之面積、以測室內炭酸之定量、而檢之之法、以 Max von Pettenkofer. 爲最良、然可憾者、要複雜之器械、及熟練之手段、普行甚難、予曩著學校衛生學、勸用 Wolpert. 之炭酸定量器、亦過雜駁、困於製作、別有 Lunge. 及 Zeckendorf. 之方法、製作簡易、試驗甚易、不費練習、得測定炭酸之定量、聊足慰吾曹之渴望、因命松本儀兵衛作之、以頒同好之士、而附記其緣因焉、明治三十一年之秋、

醫學博士　三島通良誌

文部省學校衛生主事醫學博士三島通良先生撰定

◎Lunge.氏炭酸定量器

本器使用方法書付

炭酸定量器

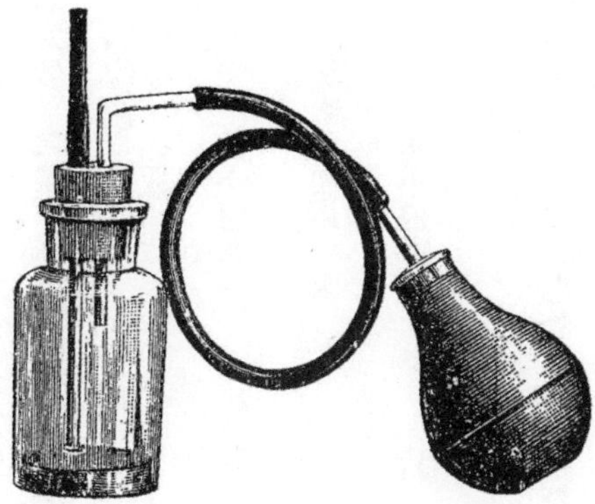

吸液管

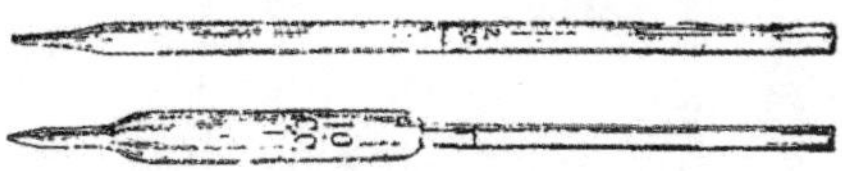

壹組箱入

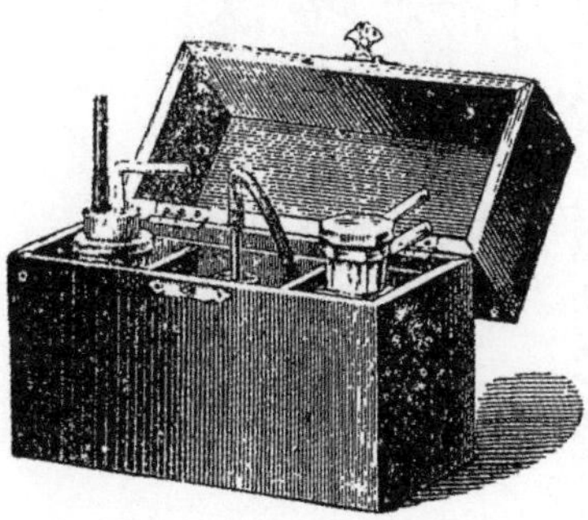

九

弊舖曩依三島先生之命。製作本器。更經先生之檢定。加入詳細使用之法。販賣甚利。希學校醫幷敎員諸君。常以測定敎室之換氣。保護生徒之健康焉。且劇場茶館。其他衆人群集之所。皆必備者也。

壹具代價　金三圓六拾錢

（試驗藥二種付　但凡千回分用）

此小包郵稅　百里內 金貳拾錢　百里外 金四拾錢

右試驗藥需用一函　金七拾錢

此小包郵稅　百里內 金八錢　百里外 金拾六錢

明治三十一年二月。依文部省令第六號學校醫職務規程第三條第六項。檢查室內溫度之命。製正確適用之寒暖計。三島先生之所撰定。經東京顯微鏡院之檢定。發賣左方兩種。

◎室內寒暖計

壹個代價　金四拾錢

此小包郵稅　五個以下　百里內 金八錢　百里外 金拾六錢　拾五個以下　百里內 金拾貳錢　百里外 金貳拾四錢

地諸學校之用既幾千組而世間往往以類似之器械廉價販賣取弊舖商業之名譽萬一售客眩于廉價購買不精密粗製之物致檢查之業不能正確且不數年器械破損却招大損故弊舖商業之主義在製品精良未曾競爭價格全國醫家諸君所確信也今者製品益加改良如體重計再從三島先生指揮延本邦製作衡器之名工守谷定吉氏製出發賣希爲本邦學校衛生聊盡微衷圖說詳左

明治三十一年十月　　松本醫科器械店敬白

身體檢查器械

文部省學校衛生主事
高等師範學校教授　醫學博士三島通良先生撰定

○體重計（第一圖）

壹百〇二 Killogramm. 掛　壹臺　金貳拾圓

本衡器三島醫學士之指揮改良製作由本邦衡器製作之名工守谷定吉氏成之者也本器特爲身體檢查之用得意之點具酒精水準器裝置坐椅減法馬之數用逆槓杆爲二本竿等比檢查上普通之衡器工

省三分之二。且加鋭敏云。

○身長計

（第二圖）甲　壹具　金七　圓

（第三圖）乙　壹具　金壹　圓

本器亦受三島博士之指揮。多賀章人氏之特製。「甲」木製。得自在昇降及停止。有簡便之測定裝置。

「乙」布製。有把柄。小板易以測定。頗簡便。

○Hutchinson.形肺量計（第四圖）

壹具　金八　圓

本器度量正確。製作最堅牢。

○卷尺（胸圍及聽力檢查用）（第五圖）布製

全長二迷當　壹個　金四拾八錢

同　一迷當　壹個　金三拾錢

同　（第六圖）金屬覆裏

全長二邁當　壹個　金壹圓四拾五錢

同　一邁當　壹個　金九拾五錢

○獨逸Schnellen'sche.氏試視力表

壹部　金拾貳錢

本表眼科川上元次郎先生之編纂。加以親切之中心視力檢查法。

○耳鏡　（第七圖）　壹具　金壹圓六拾五錢

有柄凹面反射鏡及Tröltsch.氏收耳鏡收箱

醫科大學眼科學助敎授

醫學士甲野棐先生撰定

○學校用檢眼Lense.（第八圖）

壹具　金七圓

右依三島博士之囑。特身體檢查之用。甲野學士多年經驗所撰定者也。用方簡易。示度正確。所不待言。

十四

學生生徒身體檢查器械之圖

文部省學校衛生主事三島通良先生撰定

第一圖（體重計）

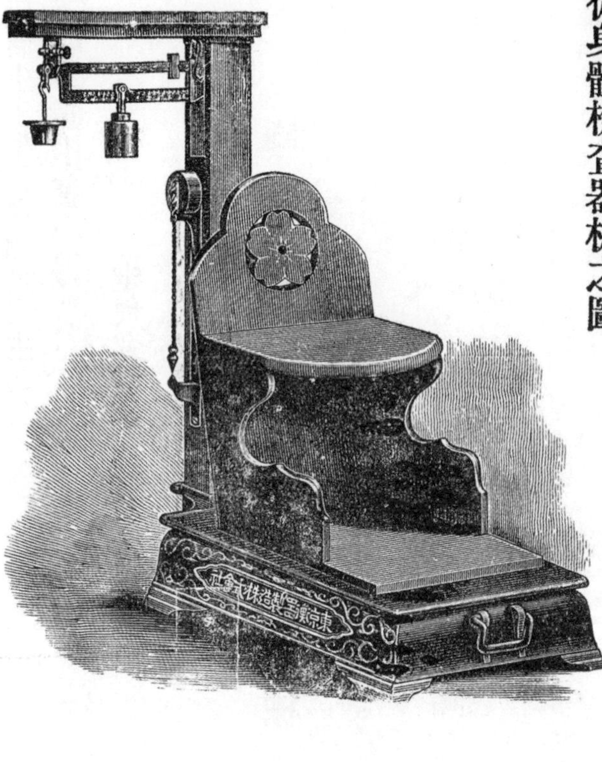

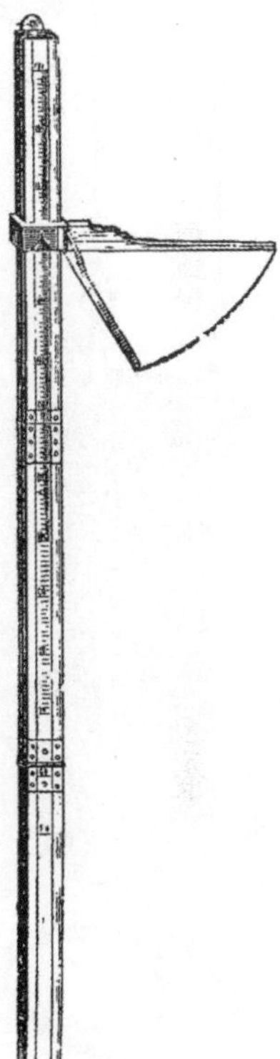

第二圖（身長計甲）

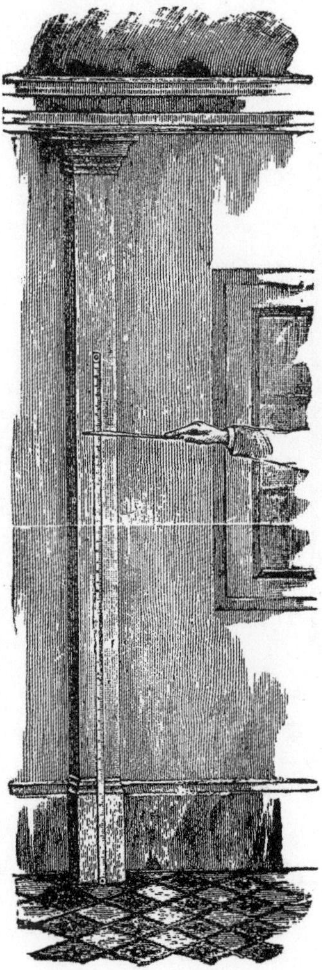

第三圖（身長計乙）

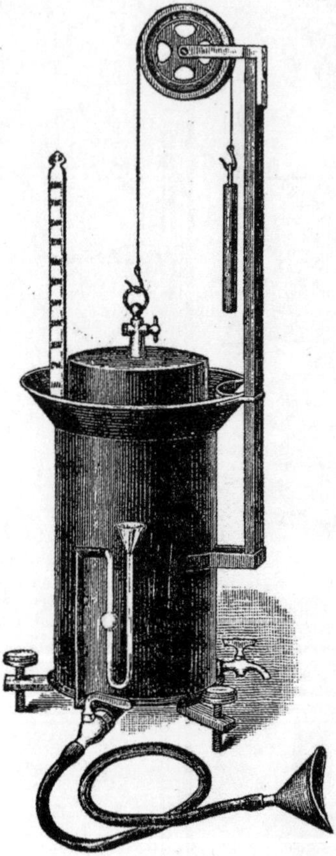

第四圖（Hutchinson,氏肺量計）

十八

第五圖
（卷尺布製）

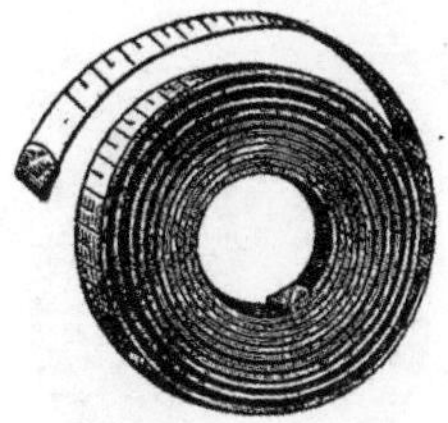

第七圖
（耳鏡）

十九

第六圖
（卷尺金屬引込覆入）

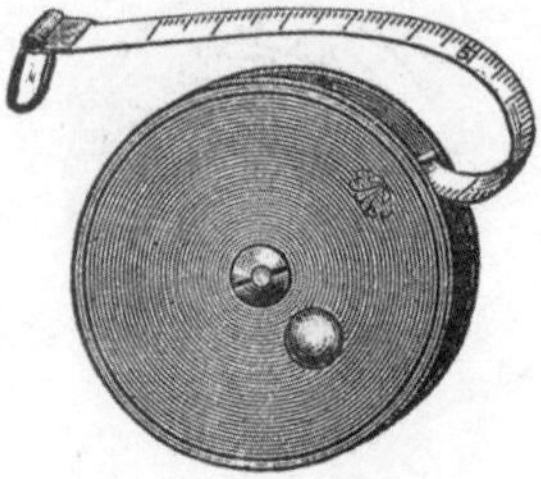

第八圖
（檢眼 Lense.）

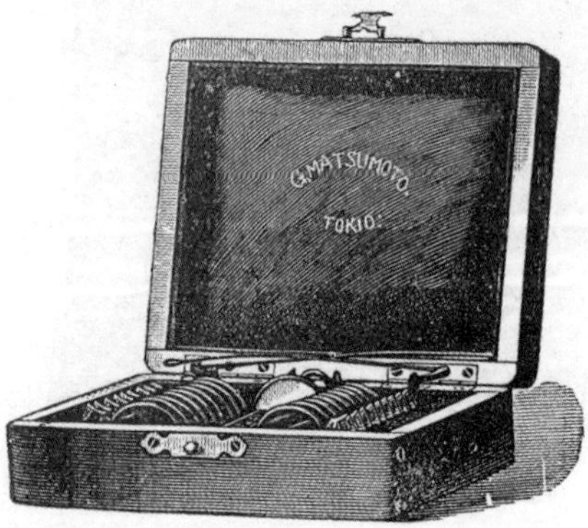

二十

東京帝國大學明治七年以降教員及學生生徒員數

	教授	助教授	講師	外國教師	外國講師	學生生徒
明治七年	|	|	|	二〇	|	二九一
同八年	|	九	|	一八	|	二四九
同九年	二	八	一	一八	|	二一七
同十年	四	三	二	一七	|	二六六
同十一年	四	四	五	一六	|	一五七
同十二年	五	二	七	一五	|	一七七
同十三年	七	二	一一	一四	|	一九一
同十四年	一九	二七	九	一六	|	七三五
同十五年	三〇	三四	二七	一四	|	三〇八
同十六年	三二	三九	三〇	一三	|	三三六
同十七年	三六	三四	三九	一二	|	三九三
同十八年	三八	二八	三六	一二	|	五六八
同十九年	四五	二〇	一〇	一七	|	五三〇
同二十年	五一	二五	一四	一七	四	七〇〇
同二十一年	六〇	二三	一三	一四	三	六八三

二

	教授	助教授	講師	外國教師	外國講師	學生生徒
明治二十二年	六五	二四	一七	一七	五	七二一
同二十三年	七三	四五	一七	一九	六	一、〇六一
同二十四年	七九	四二	二七	一九	四	一、〇三二
同二十五年	七七	四六	三三	一五	二	一、〇九七
同二十六年	六八	三五	三三	一八	三	一、二二二
同二十七年	七四	三六	三〇	一八	一	一、三〇三
同二十八年	七九	三七	二八	一五	一	一、四五七
同二十九年	八五	三七	三三	一五	三	一、六一四
同三十年	八三	四〇	四二	一五	一	二、〇二八
同三十一年	八四	四六	五四	一六	二	二、三〇七
同三十二年	八七	五八	六八	一四	三	二、四九一
同三十三年	九四	七九	六七	一五	二	二、六五五
同三十四年	一〇六	九〇	六九	一四	四	二、八五六
同三十五年	一〇九	九一	六一	一一	四	三、二二八

備考

一本表以東京開成學校（後爲東京大學法、理、文三學部）爲本。起明治七年至本年。每年之員數皆揭載之。

一明治十一年生徒之數驟減者。以是年分豫科生徒。爲豫備門。即豫備校是也。

一明治十四年員數頓增者。東京大學法、理、醫、文四學部合併之故也。

一明治十五年學生生徒數減者。醫學部豫科生徒移豫備門故也。

一明治十九年新設帝國大學。繼東京大學之四學部。及工部大學校之事業。故員數頓增。

一明治二十三年以新設農科大學員數增加。

一農科大學之實科等。速成科之生徒之數皆省之。

一明治八、九、十年無稱助教授者。或曰教授補。或曰助。教今從便揭之助教授之欄中。

東京帝國大學明治九年度以降歲入歲出額

（本表金額止記大數千圓未滿四出五入）

年度	歲入：政府支出金	歲入：收入金	歲入：歲入合計	歲出	備考
明治九年度	參拾參萬貳千圓	—	—	參拾參萬貳千圓	一本學收入金。明治二十
同十年度	參拾貳萬六千圓	—	—	參拾貳萬六千圓	三年官立學校及圖書館

三

四

年度	歲入　政府支出金	歲入　收入金	歲入　歲入合計	歲出	備考
明治十一年度	參拾貳萬貳千圓	—	—	參拾貳萬貳千圓	會計法施行以來・編入本學歲入豫算・其以前納付國庫・又爲雜費支消・又蓄積・成將來學校資本・或使用其一部分・或積留等・依當時之宜・變更其規程・其處理不一定・故迄明治二十二年之收入金不揭・
同十二年度	參拾八萬壹千圓	—	—	參拾八萬壹千圓	
同十三年度	四拾萬七千圓	—	—	四拾萬七千圓	
同十四年度	參拾六萬四千圓	—	—	參拾六萬四千圓	
同十五年度	參拾六萬四千圓	—	—	參拾六萬四千圓	
同十六年度	參拾五萬九千圓	—	—	參拾五萬九千圓	
同十七年度	參拾五萬九千圓	—	—	參拾五萬九千圓	
同十八年度	貳拾七萬圓	—	—	貳拾七萬圓	
同十九年度	參拾貳萬圓	—	—	參拾貳萬圓	
同二十年度	參拾壹萬五千圓	—	—	參拾壹萬五千圓	
同二十一年度	參拾壹萬五千圓	—	—	參拾壹萬五千圓	
同二十二年度	參拾六萬五千圓	—	—	參拾六萬五千圓	
同二十三年度	參拾七萬七千圓	九萬圓	四拾六萬七千圓	四拾貳萬五千圓	
同二十四年度	四拾壹萬七千圓	拾壹萬四千圓	五拾三萬壹千圓	五拾萬八千圓	
同二十五年度	四拾貳萬四千圓	拾壹萬九千圓	五拾四萬參千圓	五拾貳萬參千圓	
同二十六年度	四拾五萬九千圓	拾貳萬九千圓	五拾八萬八千圓	五拾參萬貳千圓	
同二十七年度	五拾壹萬壹千圓	拾四萬參千圓	六拾五萬四千圓	五拾六萬八千圓	

同二十八年度	四拾九萬八千圓	拾五萬五千圓	六拾五萬參千圓	六拾四萬圓
同二十九年度	五拾貳萬圓	拾壹萬圓	六拾參萬圓	六拾壹萬八千圓
同三十年度	五拾八萬九千圓	拾五萬壹千圓	七拾四萬圓	七拾貳萬六千圓
同三十一年度	六拾參萬六千圓	拾六萬五千圓	八拾萬壹千圓	七拾九萬壹千圓
同三十二年度	六拾七萬五千圓	拾九萬四千圓	八拾六萬九千圓	八拾四萬六千圓
同三十三年度	七拾八萬七千圓	拾八萬貳千圓	九拾六萬九千圓	九拾四萬九千圓
同三十四年度	八拾壹萬壹千圓	貳拾萬六千圓	百壹萬七千圓	九拾八萬五千圓
同三十五年度	八拾貳萬七千圓	貳拾六萬五千圓	百九萬貳千圓	百九萬貳千圓

一迄明治二十七年新營費（除本學收入之金支辦者）及設備費識文部省之豫算更編入本學之豫算明治二十八年以降備識文部省之豫算以故此表明治二十八年以降其金額不詳但屬二十七年之新營費入二十八年凡贏七萬八千餘圓此贏數計入本行金額之內

本表明治九年至明治三十四年之歳入・各年之實收・及　年引渡之金・一一揭記其歳出・記各年之決算額・又明治三十五年歳入歳出豫算額・及前年度引渡金並揭記之・

東京帝國大學（土　地）

本表中　墨書土地之面積・而坪數以一坪爲限・（一坪方六尺）一坪以下之數畧之・以段計者以一段爲限・（一段三百坪）段以下之數畧之・朱書帳簿上之價格・非現時實價・且依地面地價・又買價及評價本表準記之・其金額限於圓位・圓以下畧之・又與前行同一數者・以「ク」畧號記之・（△印朱書）

五

	本部及五分科大學敷地	本部附屬地	理科大學附屬地	農科大學敷地	農科大學附屬地	以上計	農科大學演習林地
明治十九年度	△ 一〇〇、二一五坪 一二、〇五三圓	△ 一五〇坪 四五五圓	△ 四八、九三六坪 二、二九二圓	—	—	△ 一四九、三〇一坪 一四、八〇〇圓	—
同二十年度	△ 九九、九七九坪 一三、〇二五圓	△ 〃 〃	△ 〃 〃	—	—	△ 一四九、〇六五坪 一四、七七二圓	—
同二十一年度	△ 〃 〃	△ 〃 〃	△ 五一、四三七坪 四三、三一七圓	—	—	△ 一五一、五六六坪 五四、七九七圓	—
同二十二年度	△ 〃 〃	△ 〃 〃	△ 〃 〃	—	—	△ 〃 〃	—
同二十三年度	△ 〃 〃	△ 〃 〃	△ 〃 〃	△ 一六六、一八九坪 一〇、〇八三圓	△ 二〇、九三一坪 一、二五八圓	△ 三三八、六八六坪 六六、一三八圓	—
同二十四年度	△ 〃 〃	△ 〃 〃	△ 〃 〃	△ 〃 〃	△ 〃 〃	△ 〃 〃	—
同二十五年度	△ 〃 〃	△ 一、二一六坪 七八八圓	△ 〃 〃	△ 〃 〃	△ 〃 〃	△ 三三九、六五二坪 六六、四七一圓	—
同二十六年度	△ 〃 〃	△ 〃 〃	△ 〃 〃	△ 〃 〃	△ 一〇、七七八坪 二〇、八一一圓	△ 三二九、四九九坪 八六、〇二四圓	—
同二十七年度	△ 〃 〃	△ 〃 〃	△ 〃 〃	△ 〃 〃	△ 〃 〃	△ 〃 〃	—
同二十八年度	△ 〃 〃	△ 〃 〃	△ 五四、三四六坪 四二、七六七圓	△ 〃 〃	△ 〃 〃	△ 三三二、四〇八坪 八六、四七四圓	△ 三三六、四段 八四圓
同二十九年度	△ 〃 〃	△ 〃 〃	△ 〃 〃	△ 〃 〃	△ 〃 〃	△ 〃 〃	△ 〃 〃
同三十年度	△ 〃 〃	△ 〃 〃	△ 五八、六六四坪 四三、一六四圓	△ 一六九、七八四坪 一四、一二三圓	△ 〃 〃	△ 三四〇、三二一坪 九〇、九一一圓	△ 二、一七三、三段 五五、一九一圓
同三十一年度	△ 〃 〃	△ 〃 〃	△ 〃 〃	△ 〃 〃	△ 〃 〃	△ 〃 〃	△ 二、一八〇、七段 五五、九六八圓

六

同三十二年度	△ ク ク	△ ク ク	△ ク ク	△ ク ク	一四、四二三坪 △二四、九八九圓	三四三、九六六坪 △九五、〇八九圓	二五、九七五、七段 △一二七、〇五九圓
同三十三年度	△ ク ク	△ ク ク	△ ク ク	△ ク ク	△ ク ク	△ ク ク	二五、九七六、五段 △一二七、〇六一圓
同三十四年度	△ ク ク	七、五四九坪 △二〇、〇七七圓	△ ク ク	一七七、四〇一坪 △二四、五六〇圓	△ ク ク	三五八、〇一三坪 △一二四、八一五圓	△ ク ク

本表之坪數及段數・記其年度末之現數故明治三十四年度記明治三十五年三月三十一日之現數・

東京帝國大學（建物）

本表中 墨書建屋坪數・坪以下之數四出五入・朱書建築費・圓位以下之數四出五入・又與前行同一數者以「ク」之畧號記之・（△印朱書）

	本部及五分科大學敷地內建物	本部附屬地內建物	理科大學附屬地內建物	農科大學敷地內建物	農科大學附屬地內建物	以上計	農科大學演習林附屬建物
明治十九年度	一〇、四七二坪 △三七六、七一三圓	二、一二五坪 △四七、八三九圓	六五二坪 △二〇、九七四圓	—	—	一三、二四九坪 △四四五、五二六圓	—
同二十年度	一一、一五三坪 △三八七、六〇一圓	二、一三七坪 △四七、九八一圓	六五四坪 △二〇、九七九圓	—	—	一三、九四三坪 △四五六、五六一圓	—
同二十一年度	一五、三九〇坪 △七三六、九二〇圓	二、一四〇坪 △四八、一二三圓	九三〇坪 △三三、一〇二圓	—	—	一八、四六〇坪 △八〇七、一四四圓	—
同二十二年度	一五、四五九坪 △七三六、七六六圓	一、六三六坪 △三一、七七四圓	九四〇坪 △三三、一二九圓	—	—	一八、〇三五坪 △七九〇、六六五圓	—
同二十三年度	一〇、九一五坪 △七三九、二三四圓	一、三一八坪 △三一、七七七圓	九三二坪 △三三、八四六圓	五、六六七坪 △三六、三三三圓	—	一八、八三二坪 △八三一、一八〇圓	—
同二十四年度	一〇、九五一坪 △七三九、五四四圓	△ ク ク	△ ク ク	五、七一一坪 △三八、二三四圓	—	一八、九一二坪 △八三三、四〇一圓	—

七

	本部及九分科大學敷地内建物	本部附屬地内建物	醫科大學附屬地内建物	農科大學敷地内建物	農科大學附屬地内建物	以上計	農科大學演習林附屬建物
明治二十五年度	一〇、四六九坪 △七二五、九八八圓	一、三二八坪 △三一、七七七圓	九三二坪 △二三、八四六圓	五、七二一坪 △三八、二三四圓	一	一八、四三〇坪 △八一九、八四五圓	一
同二十六年度	一〇、一八五坪 △七一三、六五三圓	〃〃	〃〃	〃〃	一	一八、一四六坪 △八〇七、五一〇圓	一
同二十七年度	一〇、八四九坪 △八二三、一一三圓	一、三五四坪 △三三、一八八圓	九五四坪 △二五、七六一圓	〃〃	一	一八、八四八坪 △九一九、三一八圓	一
同二十八年度	一〇、九六五坪 △八四五、四一六圓	一、三九四坪 △三三、六〇五圓	〃〃	〃〃	三三坪 △二五〇圓	一九、〇一七坪 △九四二、二六八圓	一
同二十九年度	一〇、九五一坪 △八四九、三四六圓	一、三六四坪 △三三、六五九圓	一、〇〇〇坪 △三〇、六一九圓	五、一八〇坪 △三四、八六八圓	〃〃	一八、五二八坪 △九四三、七四二圓	一
同三十年度	一三、八七四坪 △一、〇三五、五四八圓	一、二〇六坪 △二六、五三三圓	一、〇四七坪 △三三、〇二六圓	〃〃	〃〃	二一、三四〇坪 △一、一二〇、三三四圓	一
同三十一年度	一三、八七四坪 △一、〇二七、三五六圓	〃〃	〃〃	〃〃	〃〃	二一、三四〇坪 △一、一二〇、三〇二圓	一
同三十二年度	一三、八六二坪 △一、〇二七、三三二圓	一、二一六坪 △二六、六八七圓	一、〇四九坪 △三三、〇六四圓	五、九七二坪 △二一八、一七六圓	〃〃	二三、一三二坪 △一、三〇五、五二一圓	四八坪 △九八二圓
同三十三年度	一三、八〇七坪 △一、〇三五、七八九圓	三三四坪 △五、三五三圓	一、〇六一坪 △三八、四七〇圓	六、〇一七坪 △二二〇、六〇八圓	〃〃	二一、二四二坪 △一、二九〇、四七〇圓	一一八坪 △一、四二三圓
同三十四年度	一三、一七三坪 △一、〇三三、九三七圓	三三四坪 △五、六三四圓	一、二六九坪 △四三、一八九圓	六、〇三五坪 △二三一、〇一二圓	〃〃	二〇、八四四坪 △一、三〇三、〇二三圓	一五五坪 △三、一七三圓

本表坪數記各年度末之數故明治三十四年記明治三十五年三月三十一日之現數云

西京大學豫算表

本部	法科大學	醫科大學	醫院	理工科	計

八

	三十年度 經常	三十年度 臨時	三十一年度 經常	三十一年度 臨時	三十二年度 經常	三十二年度 臨時	三十三年度 經常	三十三年度 臨時	三十四年度 經常	三十四年度 臨時	三十五年度 經常	三十五年度 臨時
					二五、五一五	〇	三二、六二〇	〇	三七、四四四	〇	四六、二八五	〇
					二〇、三三四	三〇、〇〇〇	三五、四一一	〇	四四、〇二三	〇	五二、三一〇	〇
					三七、五四一	三〇、〇〇〇	六八、九九三	二〇、〇〇〇	八六、八〇四	〇	九七、二〇八	一二、〇〇〇
					五一、一二一	四〇、〇〇〇	一〇〇、六七九	三〇、〇〇〇	一二七、五二二	三、〇〇〇	一六三、八二一	二八、〇〇〇
	本部、理工科		本部、理工科		一二一、四一〇	四二、五〇〇	一二八、四三四	三〇、〇〇〇	一三九、一一六	四、〇〇〇	一四九、六四九	三〇、〇〇〇
	三六、九七九	三二、五〇〇	九三、三五一	二〇、〇〇〇	二五五、九二一	一四二、五〇〇	三六六、一三七	八〇、〇〇〇	四三四、九〇九	七、〇〇〇	五〇九、二七三	七〇、〇〇〇

西京大學本年豫算表

	經常費	臨時費	計
本部	二八、四九四	〇	二八、四九四

九

	經常費	臨時費	計
圖書館	三、七五六	〇	三、七五六
寄宿舍	四、〇二八	〇	四、〇二八
瓦斯掛	三、六二五	〇	三、六二五
煖房掛	三、一〇八	〇	三、一〇八
電工掛	三、二七四	〇	三、二七四
法科大學	五二、三一〇	〇	五二、三一〇
醫科大學	九七、二〇八	一二、〇〇〇	一〇九、二〇八
醫院	一六三、八二一	二八、〇〇〇	一九一、八二一
理工科大學	一四九、六四九	三〇、〇〇〇	一七九、六四九
計	五〇九、二七三	七〇、〇〇〇	五七九、二七三

十

東京高等商業學校日課表

明治三十五年九月

學級 / 日時	自八時至九時	自九時至十時	自十時至十一時	自十一時至十二時	自一時至二時	自二時至三時	自三時至四時

專攻部二年

	1	2	3	4	5	6	7
月		獨	商法幷比較商法	同	獨、佛	銀行業指導	同
火			行政法	同			
水		民法	同	獨	獨、佛	佛	佛
木		獨	商法幷比較商法	行政法	英語		
金		商業經濟	同	民法	佛		
土			國際法	同	商業經濟		

專攻

	1	2	3	4	5	6	7
月	英語	商法幷比較商法				銀行業指導	同
火	憲法	商業經濟	國際法	同	佛		
水	刑法	同	商法幷比較商法	同		獨	

部一年

學級＼時日	自八時至九時	自九時至十時	自十時至十一時	自十一時至十二時	自一時至二時	自二時至三時	自三時至四時
木	商業經濟	同	獨.	佛			
金	憲法	民法	同	獨			
土	商業經濟		佛、獨	佛、獨			

商業教員養成所
二•一•年

學級＼時日	自八時至九時	自九時至十時	自十時至十一時	自十一時至十二時	自一時至二時	自二時至三時	自三時至四時
月	鐵道	簿記	商法	同	商業實踐	同	
火	取引所	經濟學	商業算術	商業歷史	商業道德	體操	
水	簿記	商業文	商業地理	經濟學	商業算術	英語	
木	英語	同	同	體操	簿記	商業實踐	
金		商業實踐	經濟學	體操	商品學	商業歷史	授業法

	本科三年(一)						本	
土	月	火	水	木	金	土	月	火
商品學	商業實踐	民法	財政學	經濟學	英語	商業實踐	商業實踐	民法
商法	商法	商業實踐	同	商法	同	同	商法	商業實踐
同	英語	同	英語	商業實踐	商業歷史	經濟學	商品學	同
商業實踐	同	同	商品學	同	英語	同	英語	同
	簿記	國際法	商業歷史	國際法	商業歷史		簿記	國際法
	獨、露、南北清	商法	商法	獨、露、南北清、西	露、西、北清		獨、露、北清	商法
		佛	統計學	獨、西、南清、佛、	商品學		商業歷史	

科三年（二）

學級 時日	自八時至九時	自九時至十時	自十時至十一時	自十一時至十二時	自一時至二時	自二時至三時	自三時至四時
水	財政學	同	英語	同	商業歷史	商法	統計學
木	經濟學	商法	商業實踐	同	國際法	佛、獨、西、南北清、露	南清、獨、西
金	英語	商品學	英語	同	商業歷史	露、西、北清、佛	佛
土	商業實踐	同	經濟學	同			

本科三

月	商業實踐	商法	商業歷史	商品學	簿記	獨、露、北清	
火	民法	商業實踐	同	同	國際法	商法	商品學
水	財政學	同	英語	同	商業歷史	商法	統計學
木	經濟學	商法	商業實踐	同	國際法	佛、露、南北清、獨	佛、西、南清、獨

年(三)		本科二年(一)						
金	土	月	火	水	木	金	土	月
英語	商業實踐	民法	取引所	回漕保險	英語	回漕保險	英語	民法
同	同	英語	經濟學	英語	商業算術	同	鐵道	英語
同	經濟學	商業算術	商品學	商業算術	民法	經濟學	體操	商業算術
同	同	商業地理	體操	經濟學	英語	商品學	簿記	商業地理
商業歷史		英語	獨、露、北清	體操	佛、獨、北清、露、西	商業地理		體操
佛、露、北清、西		佛	南清、露	北南清、西、獨	簿記			佛
				南清、佛、西				

本科二年(二)

學級 日 \ 時	自八時至九時	自九時至十時	自十時至十一時	自十一時至十二時	自一時至二時	自二時至三時	自三時至四時
火	取引所	經濟學	商品學	英語	獨、露、北清	南清、露	
水	回漕保險	英語	商業算術	經濟學	英語	南北清、獨、西	佛、南清、西
木	體操	商業算術	民法	英語	佛、獨、北清、露、西	簿記	
金	回漕保險	同	經濟學	商品學	商業地理		
土	英語	鐵道	體操	簿記			

本科二

學級 日 \ 時	自八時至九時	自九時至十時	自十時至十一時	自十一時至十二時	自一時至二時	自二時至三時	自三時至四時
月	民法	商業算術	體操	商業地理	英語		
火	取引所	經濟學	英語	同	獨、露、北清	佛、露、南清	
水	回漕保險	商品學	英語	經濟學	體操	獨、南北清、西	南清、西

年 (三)

	木	金	土
	商業算術	回漕保險	體操
	英語	同	鐵道
	民法	經濟學	英語
	商品學	商業算術	簿記
	佛、獨、西、北清、露	商業地理	
	簿記		
		佛	

本科二年 (四)

	月	火	水	木	金	土
	民法	取引所	回漕保險	商業算術	回漕保險	體操
	商業算術	經濟學	商品學	英語	同	鐵道
	英語	英語	體操	民法	經濟學	英語
	商業地理	同	經濟學	商品學	商業算術	簿記
	英語	獨、露		佛、獨、西、北清、露	商業地理	
		佛、露、南清	獨、南北清、西	簿記	體操	
			南清、西		佛	

本科一年(一)

學級　日＼時	自八時至九時	自九時至十時	自十時至十一時	自十一時至十二時	自一時至二時	自二時至三時	自三時至四時
月	體操	經濟學	英語	商業文	佛、獨	獨	露、北清
火	商業算術	簿記	經濟學	商業通論	商業道德	南清、獨	北清
水	商業地理	經濟學	商品學	體操	英語	南清、佛、露	南清
木	民法	同	簿記	商業通論	英語	佛	北清、露
金	英語	商業算術	商品學	經濟學	船舶	船體操	商業地理
土	民法	英語	機械工學	英語			

本

學級　日＼時	自八時至九時	自九時至十時	自十時至十一時	自十一時至十二時	自一時至二時	自二時至三時	自三時至四時
月	英語	經濟學	英語	同	佛	獨	露、北清
火	商業算術	簿記	經濟學	商業通論	商業道德	南清、獨	北清

科一年(二)

曜日	一	二	三	四	五	六	七
水	英語	經濟學	商品學	英語	體操	佛、南清、露	南清
木	民法	同	簿記	商業通論	商業地理	佛	露、北清
金	商業地理	商業算術	商品學	經濟學	船舶	英語	體操
土	民法	商業文	機械工學	體操			

本科一

曜日	一	二	三	四	五	六	七
月	體操	經濟學	英語	同	獨	佛	佛、露、北清
火	商業算術	簿記	經濟學	商業通論	商業道德	佛、南清、獨	北清
水	英語	經濟學	商品學	商業地理	英語	南清、露	南清
木	民法	同	簿記	商業通論	體操	英語	北清、露
金	體操	商業算術	商品學	經濟學	船舶	商業地理	

年（三）

學級 日＼時	自八時至九時	自九時至十時	自十時至十一時	自十一時至十二時	自一時至二時	自二時至三時	自三時至四時
土	民法	商業文	機械工學	英語			

本科一年（四）

學級 日＼時	自八時至九時	自九時至十時	自十時至十一時	自十一時至十二時	自一時至二時	自二時至三時	自三時至四時
月	英語	經濟學	簿記	商業地理	英語	佛	佛、露、獨、北清
火	英語	商品學	經濟學	商業通論	商業道德	佛、南清	獨、北清
水	英語	經濟學	簿記	商業算術	獨	露、南清	南清
木	民法	同	英語	商業通論	體操	商業地理	露、北清
金	商業文	體操	商業算術	經濟學	英語	船舶	
土	民法	商品學	機械工學	體操			

學級 日＼時	自八時至九時	自九時至十時	自十時至十一時	自十一時至十二時	自一時至二時	自二時至三時	自三時至四時
月	英語	經濟學	簿記	英語	體操	商業地理	露、北清、獨

二十

本科一年(五)

火	水	木	金	土
商業地理	英語	民法	商業文	民法
商品學	經濟學	同	英語	商品學
經濟學	簿記	英語	商業算術	機械工學
商業通論	商業算術	商業通論	經濟學	體操
商業道德	獨	英語	體操	
南清	佛、南清、露	佛	船舶	
獨、北清	南清、佛	露、北清		

本科一

月	火	水	木
體操	英語	體操	民法
經濟學	商品學	經濟學	同
簿記	經濟學	簿記	英語
商業文	商業通論	商業算術	商業通論
商業地理	商業道德	獨	體操
英語	南清	南清、佛、露	佛
露、北清、獨	獨、北清	南清、佛	露、北清

年(六)　豫科(一)

學級／日／時	金	土	月	火	水	木	金	土
自八時至九時	商業文	民法	數學	諸顯算	英語	應用化學	英語	英語
自九時至十時	英語	商品學	英語	應用物理	應用化學	書法	商業文	諸顯算
自十時至十一時	商業算術	機械工學	同	英語	英語	簿記	同	應用化學
自十一時至十二時	經濟學	英語	簿記	獨、佛、淸	簿記	獨、淸	數學	商業道德
自一時至二時	商業地理		佛、露	體操	露、佛	英語	獨、露、淸	
自二時至三時	船舶		體操	法學通論	體操	同		
自三時至四時				同	應用物理			

豫科（二）

月	火	水	木	金	土
數學	英語	諸顆算	應用化學	諸顆算	書法
英語	應用物理	應用化學	英語	英語	英語
同	體操	英語	簿記	同	應用化學
簿記	獨、佛	簿記	獨、佛、清	數學	商業道德
露	佛	佛、露	體操	獨、露、清	
商業文	法學通論	英語		體操	
同	同	應用物理			

豫

月	火	水
應用化學	書法	應用化學
數學	英語	商業文
簿記	同	同
英語	獨	英語
露、清	佛	露、清
諸顆算	法學通論	應用物理
體操	同	英語

科（三）

時 / 學級 / 日	木	金	土
自八時至九時	英語	數學	應用化學
自九時至十時	簿記	簿記	英語
自十時至十一時	應用物理	請顆算	同
自十一時至十二時	獨	英語	商業道德
自一時至二時	佛	獨、露	
自二時至三時	體操	體操	
自三時至四時		佛、清	

豫科（四）

時 / 學級 / 日	月	火	水	木	金
自八時至九時	應用化學	英語	應用化學	英語	數學
自九時至十時	數學	體操	體操	簿記	簿記
自十時至十一時	簿記	英語	請顆算	應用物理	英語
自十一時至十二時	獨、佛	同	獨	請顆算	同
自一時至二時	露、清	同	露、清	書法	露
自二時至三時	英語	法學通論	應用物理	商業文	佛
自三時至四時	佛	同		同	清、獨

二十四

豫科(五)	一	二	三	四	五	六	七
土	應用化學	英語	體操	商業道德			
月	簿記	英語	數學	獨、清	露	佛	體操
火	應用化學	英語	商業文	同	應用物理	法學通論	同
水	英語	同	體操	獨、佛、清	露	簿記	清
木	數學	英語	同	簿記	語顯算	英語	
金	應用化學	英語	應用物理	體操	露、佛	語顯算	獨
土	英語	應用化學	書法	商業道德			

豫	一	二	三	四	五	六	七
月	簿記	英語	數學	獨、佛、清	露	英語	語顯算
火	應用化學	英語	體操	英語	應用物理	法學通論	同

二十五

科（六）

學級／日／時	自八時至九時	自九時至十時	自十時至十一時	自十一時至十二時	自一時至二時	自二時至三時	自三時至四時
水		英語	體操	獨、清	露	簿記	清
木	數學	商業文	同	簿記	英語	書法	佛
金	應用化學	英語	應用物理	體操	佛	英語	獨
土	諳顯算	應用化學	英語	商業道德			

東京府立中學校學則

明治三十五年三月
東京府令第二十一號

第一條　休業日如左

一　祝日

一　大祭日

一　日曜日

一 學校創立紀念日

一 夏季休業　自七月二十一日至八月三十一日

一 冬季休業　自十二月二十五日至翌年一月七日

一 學年末休業　自三月二十五日至三月三十一日

第二條 學科•修身、國語及漢文、外國語、歷史、地理、數學、博物、物理及化學、法制及經濟、圖畫、唱歌、體操

外國語•在第一中學校•英語•獨語•依生徒之志望課其一•他學校專英語•唱歌第二中學校及第四中學校當分缺之•

第三條 各學年科目課程及其每週教授時數如別表•

第四條 各中學校置補習科•

補習科修業期間•自四月至七月凡四箇月•其每週教授時數•在二十四時以內•

補習科之科目•國語及漢文、外國語、數學•其他依校長承認切要之科目定之•

第五條 各學年課程修了•又全學科卒業•考學業成蹟定點•各學科目五點以上•總平均六點以上爲合格•試驗用國語及漢文、外國語、數學、圖畫、唱歌、體操亦有得不行者•

第六條　全學科卒業•授與第一號書式卒業證書•補習科修了者•授與第二號書式修業證書•
第七條　願入學者之數超過定額•儘先本府在籍者及全戶寄留者•
第八條　願入學者•以第三號書式入學願書呈學校長•
第九條　許入學者保證人•于學校長指定之日出校•以第四號書式誓約書呈學校長•
第十條　保證人•入學者之父母尊屬•或代之以行監督責者二人•內一人住居學校附近本府在籍者•若全戶寄留者•
保證人不盡其責任•學校長停止其生徒之出席•或變更保證人•
第十一條　欲退學者•詳具其事由•保證人連署上學校長•
第十二條　學校長•於教育上認爲重要之時•得加懲戒放生徒如左•
一　戒飭
一　謹愼
一　停學
第十三條　毀校物者現品若金員令賠償•
第十四條　授業料•第一中學校第三中學校及第四中學校一箇月金貳圓•第二中學校一個月金壹圓

五拾錢。每月指定之日保證人納入府金庫。但全月不出校者。其月之授業料不徵收。

第十五條　授業料滯納之時停止其生徒之出席。

第十六條　入寄宿舍者保證人連署上學校長。

第十七條　前條入舍之生徒。欲退舍時。詳具其事由。保證人連署上學校長。

第十八條　學校長得定本則施行上必要之細則。

附　則

第十九條　本則由明治三十五年四月一日施行。但本則施行時。現第二學年以上生徒。學科課程表別定之。

東京府立第一中學校學科課程及授業時間分配表

學年／學科	修身 定分配時時	修身	國語及漢文 定分配時時	國語及漢文
第一年級	一	人倫道德要旨	七	講讀、文法、作文、習字、
第二年級	一	同上	七	同上
第三年級	一	同上	六（四、二）	四 講讀、文法、 二 作文
第四年級	一	同上	五（三、二）	同上
第五年級	一	同上	五（三、二）	同上

外國語	六	綴字、讀方、譯解、書取、聽取、會話、習字	六	綴字、讀方、譯解、書取、聽取、會話、文法、作文、	七	讀方、解譯、書取、聽取、會話、文法、作文	八	同上	八	同上
歷史	三	一 本邦	三	二 本邦	三	二 東洋歷史	三	二 西洋歷史	四	二 本邦史 一 西洋史
地理		二 本邦		一 亞細亞 太洋洲		一 歐羅巴		一 亞弗利加 亞米利加		一 地文
數學	四	算術	四	二 算術 二 代數	六	四 代數 二 幾何	五	三 代數 二 幾何	五	二 代數 一 幾何 二 三角
博物	二	鑛物	二	同上	二	人身生理衞生法	一	動植物	一	鑛物地質
物理及化學							三	二 物理 一 化學	三	一 物理 二 化學
圖畫	一	自在畫	一	自在畫 用器畫	一	同上	一	自在畫 鉛筆畫 用器畫 投影畫		
唱歌	一	樂典大要 單音唱歌	一	單音唱歌						
體操	五	普通兵式	五	同上	四	同上	三	兵式	三	兵式
計	三〇		三〇		三〇		三〇		三〇	

三十

東京府第一中學校補習科學科課程及教授時數表

學科	定時
國語及漢文	每週五時（國語三時 漢文二時）
英語	每週七時
代數	每週二時
幾何	每週一時
三角	每週一時
理化	每週二時
博物	每週一時
	總數十九時

東京府立第一中學校生徒細則

第一條　本校生徒•以立身報國爲主要之目的•平生以遵行校訓爲本分•

第二條　左方各項不可違犯。

一　喫烟及携帶喫咽用具。

二　不得尊長之認許。私讀新聞紙稗史小說之類。

三　尊長同伴之外。私入飲食店劇場等。

四　建物備品汚損。

五　汚損告示及教室日誌。

六　一定器物及場所之外。吐唾投紙片棄墨汁等。

七　置携帶品一定場所之外。

八　妄飲生水。

九　濫用飲料湯若洗手水。及開放活栓。

十　開門時前入校內。若終業時後留校內。

十一　不持符券未終業時出門。

十二　不得許可私入教室、小使室、應接所、玄關、庭園等。

十三　放課時間。不得許可至生徒憩所運動場以外。但生徒憩所之北側東西之通道。以爲經界線。

十四　午食時間私出室外。

十五　用書用具等私行貸借。

十六　教室內被外套及帽。

十七　十一月十五日以前。三月二十日以後。校內被外套。

十八　吹口笛投石。其他危險喧嘩之所爲。

十九　鄙野陋劣之言行。

第三條　課業之始終。從喇叭點鐘之信號。時出告示訓令。就揭示場可以悉知。

第四條　每教室生徒爲一組。每組置三名之組長。居第一、第三、第五席。稱第一組長。第二組長。第三組長。

組長依左之方法定之。

一　記名投票。每組長一名候補者二名。由同組生徒中互選。就其中學校長指定之。

二　組長任期一學期間。不適任者若缺席二週日以上者。依前項法更定之。

組長掌務如左。

一　補佐敎室主任。維持該組之秩序。保守良習。

二　傳長上之命令同組生。及代表同組生。以其意見申之于長上。
三　放課時監督同組生之行動。
四　組長一人。每週順番以指揮生徒。保管出缺簿。遲刻缺席者等記入教室日誌。清潔教室之內外。整理備品。但當番組長缺席之時。次番之組長代理之。

第五條　服裝之規定如左。

一　着所定制服制帽。穿靴。左領附所定之級章。
二　服地冬期紺色。夏期鼠色。霜降。小倉織。
三　六月一日至九月三十日着夏服。餘用冬服。
四　組長附所定之袖章。
五　制服若靴有不能用之時。白其事由。但非有病氣。連算入休日不得過五日之外。
六　雨天着用甲掛。
七　代用制服。得用筒袖之和服着袴。但不得着用羽織。
八　不能用靴穿草履。着制服之時。靴以外不得着用。
九　制服若袴用帶者。限用革若細紐。

十　制帽不問服裝如何不得缺之。制帽之紐在前方。夏服覆以白布。

十一　有特別事情。不得依以上各項者。可白其旨乞許可。

第六條　生徒禮法如左。

一　敬禮先起敬意。取直立不動之姿勢。注目所禮之人。在最敬禮。體之上部傾向前方。兩手至膝。

通常敬禮。體之上部少傾前方。

二　脫帽以右手摘其前庇。提之垂直。以內部對右股。

三　每朝檢査。及每時間始終。從當番組長號令。對教師行如式之敬禮。

四　後入教室者。對教師行敬禮。直立以待指示。

五　途中尊長來時。止其人六步前。脫帽行如式敬禮。待其答禮前進。

六　入尊長室。脫帽入室。對上位人行敬禮。又向在室人表敬意。

七　出尊長前。于其人六步前行敬禮。而後前進便宜之位置。事終退復舊位。更行敬禮。右轉靜退。

八　廊下或運動場出逢尊長。讓右方表敬意。

九　生徒相逢互施禮。

第七條　生徒常保左記之姿勢。

一　教室內聽講。上體勿屈。正對机。臀部置椅子後方。兩肩稍退後方。頭勿前傾。兩肘垂下。兩掌置股上。兩股水平。脛部直立。兩踵保自然之位置。

二　若席看書。執聽講之姿勢。兩手倚頸于机後端。兩手持書籍之下部。上部適度使文字識別。

三　筆記習字等。上體保聽講之姿勢。用紙置机上。左右肩均齊。

四　起立應答。在教室離椅子。正面對向教壇。直立不動。若持書籍。右手持之。左手直垂。凡向長上應答之時。對向其人常直立不動。若受授物件。左脇挾帽加左手。右手受授之。

五　起立讀書。保起立應答之姿勢。兩手持書籍之左右端。前端舉適當之高朗讀。

第八條　生徒從組長之指揮。同室生若干人。每週輪次當番。擔當左方事項。

一　窓戶開閉。湯水供給。教室附屬物保護整頓。

二　教室掃除。又有大掃除之定日。教室內外窓戶、黑板、机、帽掛等洒掃拂拭。

三　大掃除之日。放課後從當番組長之指揮。教室內外、窓戶、黑板、机、帽子掛等叮嚀洒掃。

第九條　檢查規則如左。

一　人員幷服裝檢查。每朝始業時前十五分時。整列于所定之場所。受監督之檢查。

二　攜帶品檢查。從臨時之指示。各出攜帶品。受監督之檢查。

三 銃器檢查。指定之時日。銃器及屬具。淨拭整頓。受體操科敎員之檢查。

四 敎室檢查。敎室大掃除畢後。整理敎室備品。收拾掃具。受敎室主任之檢查。

五 身體檢查。從臨時之指示。就學校醫受身體之檢查。

第十條 生徒之諸願書。從左之規定呈敎室主任。

一 缺課早退。又和服及草履代用之時。當日朝檢查之節經。當番組長及監督白之。但在校中有病。及他故缺課早退翌日白之。

二 有遲到缺席者。當日若翌日白之。但發火演習修學旅行等。事前或當日白之。有病者附送醫師之診斷書。

三 凡缺席及用和服草履。記其日限。遲到缺課早退者記其所缺時刻。

四 關服裝之申訴。與他事申訴同。

五 身分更動及退學情事。直申敎室主任。

六 告病假者記入病症。于規定之外延至一週間者。添醫師之診斷書。

七 凡乞假文書。限一學期內。學期改則更報告。

八 諸願書記生徒之級組氏名。

九　諸願書用學校長之款。保證人一人調印。其保證人之印章。不得比生徒明細簿之印鑑相異。

十　此外生徒出學校文書。準前諸項。皆呈教室主任。

第十一條　生徒所有圖書、器具及外套等。分記其級、組、氏名。若物品紛失。直告教室主任若事務員。

第十二條　在校中有病。若生事故。缺課外出或欲早退。告教室主任。但方授業中。須先得教師之許可。

第十三條　左方事項可告監督。

一　校內所定之場所以外出入經過之事。

二　放課時間入教室之事。

三　借用教室之事。

四　生徒憩所有所揭示文字。

保證人心得

第一條　保證人。依本校生徒細則及本校訓示之旨。當賛助其實行。

第二條　生徒諸願書差出之時。當記名調印。

第三條　本校照會可直回答。召喚之時可直到來。

第四條　身分更動若改印之。時可直白。

第五條　他處旅行轉任。不能盡其責任。直更換保證人。連署申出。但其事故止一時者。豫定日數中出。可置代理人。

第六條　時々登校。視察生徒修學之狀況及學業之進否。

第七條　生徒若罹左記之傳染病。添醫師之診斷書速報。快復之時亦同。

天然痘●虎列剌●發疹窒扶斯●赤痢●實扶的利亞●格魯布●腸窒扶斯●猩紅熱●黑死病

第八條　左記諸病與前項傳染病亦同

水痘●痳疹●百日咳●間歇熱●流行性腦脊髓膜炎●丹毒●流行感冒●流行性耳下腺炎●回歸熱●格魯布性肺炎●淋巴腺腫●濾胞性扁桃腺炎●濾胞性大腸炎●狂水病●水癌●結核諸病●痲疾●黴毒性諸病●濕疹●頑癬●苔癬●疥癬●禿髮症●狼瘡●傳染性天疱瘡●傳染性膿胞疹●顆粒性結膜炎●膿漏性結膜炎●破傷風

第九條　生徒同居家族中有傳染病者。速報止出校。快復及消毒以後。得醫師之證明復之。

第十條　生徒之衣服、食物、入浴及就眠、讀書等。常宜注意分攝養。其衛生上障害惡習。如飲酒、喫烟、不潔之行、充分鑑查。更報其旨于學校。

●學友會規則摘要

第一條　本會與本校訓育之目的相準。圖會員心身之練達。振作志氣。厚交誼。以職員生徒組織。稱東京府立第一中學校學友會。

第二條　本會置武藝學藝運動三部。有要事時開茶話會。

第三條　本會經費。每年由職員中出金百四拾參圓。各生徒出金壹圓。但生徒于四月九月二次。于本校授業料納付之際。出金五拾錢。交本會會計理事。既納之金雖有事故不更還給。會員負擔規定之經費。不別出金。但游泳科之月謝不在此限。

第四條　本會會員必入武藝部修習武藝。

明治三十五年度歲出教育費第一中學校費豫算書

款	項	目	節	豫算額	附記
教育費				二六、九五九 九〇〇	
	第一中學校費			二六、九五九 九〇〇	
		俸給		二〇、五六八 〇〇〇	

			校長及教員給	一九、四四四	〇〇〇	
			書記給	一、一〇四	〇〇〇	
			雇員給	二〇〇	〇〇〇	
		雜給		二、一三一	九二〇	
			薪水	四七五	〇〇〇	囑託教員薪水百貳拾圓、醫員薪水百圓、補習科教員薪水貳百五拾五圓
			諸傭給	一、〇七八	五〇〇	門候兼喇叭手貳百拾九圓、小使七百參拾圓、人夫百貳拾九圓五拾錢
			旅費	一五〇	四二〇	校長旅費貳拾圓五拾錢、教員旅費四拾五圓、書記旅費拾圓六拾錢、修學旅行費七拾四圓參拾貳錢
			惠與	四二八	〇〇〇	
		退職給與金		四二	〇〇〇	
		國庫納金		二〇五	四八〇	
		校費		三、七三三	五〇〇	
			備品費	一、二〇〇	〇〇〇	
			消耗品費	一、三〇〇	〇〇〇	
			圖書及印刷費	三一〇	〇〇〇	圖書費貳百六拾圓、印刷費五拾圓

款	項	目	節	豫算額	附記
			通信運搬費	一二四〇〇〇	通信費百拾九圓、運搬費五圓
			食費	八七六〇〇	吏員食費參拾六圓五拾錢 諸傭食費五拾壹圓拾錢
			雜費	七一一九〇〇	貸借料四百九拾九圓六拾五錢、廣告料拾五圓、水料七拾四圓七拾五錢、儀式費五拾五圓、被服費五拾貳圓五拾錢、車傭貸拾五圓
	修繕費			二七九〇〇〇	體操器械修繕七拾九圓 小破修繕費貳百圓

明治三十五年度歲入雜收入豫算書（第一中學校）

款	項	目	節	豫算額	附記
雜收入				一八、〇九〇〇〇〇	
	授業料			一八、〇八〇〇〇〇	
		第一中學校收入		一八、〇八〇〇〇〇	本科生一人一箇月貳圓 八百人 十一箇月分 補習科生一人一箇月貳圓 八十人 三箇月分
	物品賣價部			一〇〇〇〇	
		不用品賣價部		一〇〇〇〇	糞尿人價

考査判定	
第　年　級　組	
教室主任印	
生徒氏名	
教室座次　　番	
保證人檢閱印	第一學期
	第二學期
	平均成績

學科		第一學期	第二學期	學年	平均成績
修身					
國語及漢文	一				
	二				
	三				
	四				
外國語英獨	一				
	二				
	三				
歷史					
地理					
數學	算術				
	代數				
	幾何				
	三角				
博物					
物理及化學					
圖畫					
唱歌					
體操					
合計					
平均					
學力順次	學年級	人中　番	人中　番		人中　番
	一教室	人中　番	人中　番		人中　番

操行		
第一學期	第二學期	第三學期
等	等	等

體格			
第四月		第十月	
診定	同年齡者平均比較	診定	同年齡者平均比較
等	等	等	等

勤惰					
項目		第一學期	第二學期	第三學期	總計
出校日數					
缺席日數	有届				
	無届				
遲刻度數	有届				
	無届				
早退度數	有届				
	無届				
缺課度數	有届				
	無届				
犯則度數					
罰科					

備考

檢定成績由一等至五等以次表出各學科五等各學科平均四等以下爲劣等

教室座次依身長爲序學力順次者依其優劣

國語及漢文一國語講讀及文學史二漢文講讀三作文及文法四書法、聽法、談話、習字、外國語一發音、綴字、讀方、聽法、書法、習字、會話二譯解三文法及作文

四十四

東京府立中學校日誌欵式

明治　年　月分
第　年級　組
教室日誌
教室主任

生徒席順姓名表

第一組長 一	二	第二組長 三	四	第三組長 五	六
七	八	九	十	十一	十二
十三	十四	十五	十六	十七	十八
十九	二十	二十一	二十二	二十三	二十四
二十五	二十六	二十七	二十八	二十九	三十
三十一	三十二	三十三	三十四	三十五	三十六
三十七	三十八	三十九	四十	四十一	四十二
四十三	四十四	四十五	四十六	四十七	四十八
四十九	五十	五十一	五十二	五十三	五十四
五十五	五十六	五十七	五十八	五十九	六十

教　壇

教室掃除日
曜日

四十五

明治　年　月　日生徒出缺表

教師於每日各時期生徒之出席缺席者或來遲者記入左方各符號
出席空白　缺席×　來遲者＊

一	二	三	四	五	六
七	八	九	十	十一	十二
十三	十四	十五	十六	十七	十八
十九	二十	二十一	二十二	二十三	二十四
二十五	二十六	二十七	二十八	二十九	三十
三十一	三十二	三十三	三十四	三十五	三十六
三十七	三十八	三十九	四十	四十一	四十二
四十三	四十四	四十五	四十六	四十七	四十八

（每號分 一 二 三 / 四 五 六）

敎壇

明治

時間	教師	學科	教授
第一時			
第二時			
第三時			

生徒總數	遲刻者	
人	姓名・印届	
點檢人員	姓名 印届	
人		
出席人員		
人	合計	人

明治三十五年度東京府立第一中學校時間表

曜日／時間／年級	月 一	月 二	月 三	月 四	月 五
甲五年	代數	歷史	三角	漢文	英二
乙五年	歷史	三角	代數	英二	漢文
丙五年	漢文	英二	歷史	代數	三角
甲四年	幾何	修身	國語	理化	博物
乙四年	博物	修身	幾何	國語	理化
丙四年	體操	修身	地理	幾何	英語
丁四年	英語	修身	體操	地理	幾何
甲三年	國語	幾何	漢文	體操	英一
乙三年	國語	體操	英一	幾何	漢文
丙三年	漢文	英一	幾何	英二	國語
丁三年	英一	國語	英二	漢文	幾何
甲二年	歷史	國語	英語	體操	唱歌
乙二年	唱歌	歷史	國語	體操	英語
丙二年	國語	英語	唱歌	算術	體操
丁二年	國語	算術	歷史	英語	體操
戊二年	英語	體操	算術	國語	歷史
甲一年	國語	體操	圖畫	算術	英語
乙一年	英語	圖畫	算術	國語	體操
丙一年	圖畫	算術	體操	英語	國語
丁一年	獨逸語	體操	國語	博物	圖畫
戊一年	國語	博物	體操	圖畫	獨逸語
補習科甲教室	國語	英語	漢文	三角	—
補習科乙教室	三角	漢文	國語	英語	—

年	月	日	曜日

要目	時間	教師	學科	教授要目
	第四時			
	第五時			
	第六時			

缺課者	早退者	缺席者	摘要
人	人	人	

火

一	二	三	四	五
英二	理化	體操	博物	英一
博物	體操	英二	英一	理化
英一	英二	博物	體操	理化
代數	英語	英一	體操	地理
地理	體操	英一	代數	英語
國語	英語	代數	漢文	理化
漢文	代數	理化	國語	英語
代數	修身	英二	國語	歷史
歷史	修身	代數	英二	國語
國語	修身	體操	歷史	代數
體操	修身	歷史	代數	國語
代數	博物	體操	作文	圖畫
圖畫	英語	算術	博物	作文
英二	圖畫	體操	代數	博物
博物	體操	圖畫	漢文	代數
體操	博物	代數	圖畫	漢文
漢文	歷史	算術	英語	體操
歷史	漢文	體操	算術	英語
英語	算術	體操	漢文	歷史
算術	體操	獨逸語	歷史	漢文
漢文	習字	歷史	獨逸語	體操
國語	代數	英語	｜	｜
代數	英語	理化	｜	｜

水

一	二	三	四	五
英三	修身	三角	歷史	國語
國語	修身	英三	三角	歷史
三角	修身	歷史	國語	英三
幾何	漢文	歷史	理化	英語
英語	幾何	理化	歷史	漢文
英語	國語	英一	幾何	歷史
歷史	英一	幾何	國語	英語
圖畫	體操	幾何	作文	博物
體操	幾何	圖畫	博物	作文
博物	圖畫	英二	幾何	體操
幾何	博物	體操	圖畫	英二
英語	體操	國語	歷史	英二
英二	國語	歷史	體操	英語
歷史	體操	漢文	算術	國語
唱歌	英二	英語	體操	國語
國語	英語	英二	唱歌	體操
博物	唱歌	英語	體操	國語
英語	國語	唱歌	體操	博物
地理	英語	國語	習字	體操
獨逸語	算術	體操	地理	國語
國語	地理	體操	算術	獨逸語
英語	理化	國語	｜	｜
理化	英語	博物	｜	｜

木

一	二	三	四	五
漢文	理化	體操	博物	英二
英二	體操	理化	漢文	地理
地理	漢文	體操	英二	理化
體操	代數	英語	國語	英三
英三	英語	國語	體操	代數
體操	代數	英語	英語	理化
代數	英語	體操	理化	英語
國語	體操	英二	代數	英二
國語	體操	代數	英二	英二
英二	國語	作文	體操	代數
作文	代數	英二	體操	國語
博物	算術	漢文	英二	體操
漢文	英二	代數	體操	博物
英二	體操	歷史	博物	英語
英語	歷史	博物	體操	漢文
歷史	博物	漢文	英語	體操
地理	體操	修身	漢文	英語
體操	英語	修身	地理	漢文
漢文	博物	修身	英語	唱歌
獨逸語	唱歌	修身	算術	漢文
漢文	獨逸語	修身	唱歌	算術
幾何	英語	博物	｜	｜
英語	國語	英語	｜	｜

金

一	二	三	四	五
英二	歷史	國語	英三	代數
代數	英三	歷史	英二	國語
國語	英二	代數	歷史	英三
英語	歷史	作文	圖畫	理化
作文	英語	理化	歷史	圖畫
漢文	圖畫	歷史	理化	英三
圖畫	理化	英三	漢文	歷史
地理	體操	博物	代數	英二
英二	代數	地理	體操	博物
代數	博物	英二	地理	漢文
博物	英二	代數	漢文	地理
習字	國語	修身	算術	英語
地理	體操	修身	習字	國語
漢文	英語	修身	國語	地理
英語	修身	英二	算術	國語
英二	修身	國語	英語	算術
博物	算術	英語	國語	習字
國語	博物	習字	算術	英語
國語	英語	博物	體操	算術
算術	國語	獨逸語	體操	博物
獨逸語	體操	算術	博物	國語
代數	漢文	英語	｜	｜
英語	幾何	漢文	｜	｜

土

一	二	三	四	五
英二	體操	理化	作文	幾何
幾何	體操	作文	英二	理化
理化	體操	漢文	幾何	英二
代數	英語	體操	漢文	英語
英語	代數	體操	英語	漢文
英語	博物	體操	作文	代數
博物	英語	體操	代數	作文
歷史	漢文	英三	代數	英二
英三	英二	歷史	漢文	代數
代數	英三	英二	體操	歷史
英二	代數	體操	歷史	英三
代數	漢文	體操	英語	地理
體操	算術	漢文	英語	代數
英語	作文	代數	習字	體操
體操	地理	作文	代數	習字
習字	代數	地理	體操	作文
算術	作文	體操	英語	地理
作文	算術	英語	地理	體操
地理	體操	英語	算術	作文
獨逸語	地理	習字	作文	體操
作文	體操	地理	獨逸語	算術
英語	理化	英語	｜	｜
國語	英語	代數	｜	｜

東京府第一中學校概算

現在生徒數	七百八十八人
定員	八百人
學級數	二十一
明治三十五年度支出豫算額	貳萬七千圓
明治三十五年度收入豫算額	壹萬八千圓
創立年月日	明治十一年九月
卒業生人員	千七十五人

西京尋常中學校寄宿舍規則

第一章 總則

第一條 寄宿舍者。代父兄及保證人。薰陶保育生徒之處也。

第二條 寄宿舍薰陶保育生徒。受校長之指揮。舍監任之。

第三條 寄宿舍生徒。平常遵舍監之敎訓。守舍則。自重其本分。服膺本校敎育之趣旨。

第二章　入舍

第四條　欲入舍者・父兄若有保護之責者出頭・與舍監面談上・交左式之願書・

入舍願書

某今者願入貴寄宿舍願乞許諾謹與保證人連署奉聞

幾年生

年　月　日　誰　某　㊞

前書如蒙許可學資及其他關本人一切事件鄙人一切承當不致有誤

住所

保證人　誰　某　㊞

某學校長閣下

第五條　由父兄及保證人之所・不能通學之生徒・可命入舍・

第三章　組合

第六條　爲保舍內生徒之風紀。得遵守諸規則之便。立組合編制如左。

第一組　三年級以上

第二組　二年級生徒

第三組　一年級生徒

但由保育本人之便。有編入他組者。

第七條　各組合置左之役員。

組長　正副二人

室長　各室一人

第八條　組長及室長一學期間各奉其職。

第四章　役員職務

第九條　組合役員注意部下之風儀。遵守諸規則命令。常操公明正大之心。謹狎昵粗暴之言行。身爲之模範。協同一致以振刷舍中風氣。

第十條　組長掌左之事項。

一舍監不在之節可以代理。

一戒告奬勵諸組合員。
一管束組合之風紀。
一每月末。組員勤惰行狀。關組合之風紀。申告舍監。
第十一條　室長掌左之事項。
一部下之諸願書經番上達。
一學資金之交付。
一室內諸物品之整理。
一室內有事申告舍監。
一室內不時有發病者申告舍監。
一室員有病者及歸省等事。管理其物品。
第十二條　室長每組合一名。更番勤務。其勤務以土曜日晚餐後爲始。至次週土曜日止。
第十三條　更番所掌事項如左。
一由舍監之命以辨庶務。
一本組諸願書上達之事。及組合員有異動之時。申告舍監。

一學資金出納簿進達舍監。

一清潔檢查及其他諸檢查之準備。

一諸檢查之時與舍監隨行。

一食事前出食堂。爲食事檢查。

一整頓當番日誌。

第十四條　更番之序。以各組首室爲始。

第十五條　更番勤務者。於更番各室役務。

第十六條　當番中不許外出。

但有不得已事故。受舍監之許可。得以次番室長代理

第十七條　當番勤務者。常制服着袴。

第十八條　更番交代。諸事無遺漏以授次番。

第五章　室內

第十九條　室內常主清潔。各自所有物品常整頓之。

第二十條　室內備附品。左記之外不許濫置。

但有不得已者。應受舍監之許可。

一机　　一脚　　一書箱　　三個以內

一教科書　　一教科用參考書

一文具

第二十一條　室內禁一切飲食喫烟。

但喫烟之習慣。必不能廢止者。應受舍監之許可。

第二十二條　通學生及外來人。不得誘入室內。

第二十三條　廢弃舊物。投舍內備附之籠中。不可散亂室內。

第二十四條　洋燈每日淨拭。點燈須注意。日夕點燈就寢前消燈。

第二十五條　洋燈火鉢等危險之物宜注意。

第二十六條　自習時間中遵左方諸項。

一靜肅勤勉常無惰容。

一他室並他席不得往來。若有疑質。當在自習時間之外。

一禁諷誦。

一放歌吟詠談笑等。凡妨他人之習業皆禁之。

第二十七條　起床就寢之時遵左方各項。

一靜謐安眠。常注意衞生。

一就寢後。禁往來他室及談話。

一聞起床之號音。整服裝納寢具。盥嗽掃除室內。

第七章　食　堂

第二十八條　入食堂者。制服着袴。正行儀以靜肅爲旨。

第二十九條　食事擊柝靜入食堂。勿違時刻。

擊柝後過三十分。不得舍監之許可。禁入食堂。

第三十條　食事重禮讓。列席有序。上席者先食。

但有不得已者告其旨于舍監。

第三十一條　各員就所定之席。不可侵他席。

第三十二條　食事中不可談話。若不良之飲食物。當番者申告舍監。

第三十三條　要湯茶之時。可自處辨。決不得使役他人。

第三十四條　疾病不能至食堂。得舍監之許可。於室內喫飯。

第八章　浴　室

第三十五條　浴室自午後二時至午後六時。入浴先舍監組長等。

第三十六條　禁放歌談笑喧騷之行。

第三十七條　衣服置所定之處。不可散亂。

第三十八條　浴桶中不可使用洋胰。

第九章　洒　掃

第三十九條　洒掃。每朝室員更番擔當。要極清潔。

第四十條　每土曜日午後。組合員一同于舍內外行大掃除。大掃除。整頓器物。拭柱壁廊下床板天井。繕障子之破損。坐席常於日光晒之。

第四十一條　舍監。於洒掃不清潔者。命更洒掃之。

第四十二條　室內塵埃。弃置一定之場所。

第四十三條　墨汁廢紙其他物品。禁投棄室外。

第四十四條　衣服清潔。襦袢尤宜屢次洗濯。

第四十五條　靴及其他履物。丁嚀洗拭。整置所定之場所。

第十章　應接所

第四十六條　接他人之時。制服着袴。丁嚀應接。

第四十七條　非得舍監之許可。雖有急用。日沒後不許應接。

第十一章　檢查

第四十八條　檢查。別之爲人員檢查。淸潔檢查。臨時檢查。

第四十九條　人員檢查小別之。爲起床檢查。就寢檢查。臨時檢查。

一起床檢查。起床後行之。各組員待號音。開放室內。整列室中。受舍監之檢查。

一就寢檢查消燈前行之。其檢查之方法如前。

一臨時檢查。由校長之命令。及以舍監之意行之。

第五十條　淸潔檢查。每土曜日午後行之。檢查室內淸潔及物品整理之適否。

第五十一條　臨時檢查。校長親率舍監行之。檢查舍內風儀及室內整否等。

第五十二條　生徒所有物品。認爲分外者不許置舍內。

第十二章　臨時召集

第五十三條　聞臨時召集之號。直着制服。整頓文具寢具。集合一定之塲所。

第五十四條　就寢後召集之際。受各當番之命。直起點燈。

第五十五條　當番。於一定之塲所。點檢組合之人員。待其組合之集合。速整列受舍監之命。

第十三章　病室及患者

第五十六條　罹病者。于始業時間中告其旨。

第五十七條　罹病者。得舍監之許可。受醫師診察。

但由其病症。有令入病院及下宿。

第五十八條　職員若先導巡視病床。起坐敬禮。若不能坐。于臥床自表敬意。

第五十九條　爲疾病不能至應接所面接來訪之人。請舍監之指揮。

第六十條　不時發病申告其旨。請舍監之指揮。

第六十一條　療養中諸事從醫師之指揮。

第六十二條　同室員發病。特親切鄭重。以盡其意。

第十四章　外出外泊旅宿退舍

第六十三條　外出。每日放課後所定時間內得行之。

第六十四條　外出之際左項宜注意。
一　若本校所定制帽制服。正容儀。愼擧動。重生徒之本分。
二　外出之際。受門鑑于門衛。歸舍返之。
三　提出物品。校外記其品目。經舍監之捺印。交于門衛。
四　外出中發病。及不得已事故。夜中禁門之後。由保證詳記其事由。得證明書歸舍。
但遠隔之地。以面會人之證明代之亦可。
第六十五條　臨時外出。若所定時間內遠行之時。具其事由听舍監之許可。
第六十六條　由不得已事故。外泊旅宿及歸省者。與保證人連署以呈願書。
第六十七條　外出中罹病。迄當日午後九時。以醫師診斷書。與保證人連署申告。
第六十八條　疾病不能在舍。托保證人外泊。
第六十九條　外泊者。非舍監許可。不許入舍內。
第七十條　冬夏期休業中。限以時日。可以外泊。
第七十一條　有不得已事情。由保證人請。退舍以待許可。

第十七章　學資金

第七十二條　學資金悉交會計主任書。記平常不得私持金錢。

第七十三條　欲用學資。于出納定日之前一日記。所用物品竝金額于通牒。呈室長審定。轉交當番組長。

第七十四條　出納定日所定之時間內。就會計主任書記。受取金額竝通牒。

第七十五條　出納定日之外。臨時用者。申告舍監以受指揮。

第七十六條　通牒爲學資金出納之證。不可汚損紛失。

附幼年生(一年二年生)規則

第一條　幼年生不許外泊。

第二條　物品購求之節。在參拾錢以上者。記其錢數及所買物品。以告舍監。

第三條　不可出入三年以上生之寄宿舍。

第四條　學力薄弱者。舍監特命復習。

東京府師範學校經費表

○職　員

校長　一名

教諭　十九名
助教諭　三名
訓導　十六名
書記　四名
囑託教員　三名
學校醫　一名
助手　二名
計四十九名　休職者不計

○本校生徒

本科　二百六十六名　學級數　八
豫備科　七十一名　學級數　二
乙種講習科　四十七名　學級數　一
計三百八十四名

○附屬小學校兒童

尋常科　三百二名　學級數　七
高等科　二百三十四名　學級數　七
計五百三十六名
○經　費
東京府師範學校費　金五萬參千百七拾壹圓八拾四錢五厘
○生　徒　費
食費　生徒一名日額金拾五錢
夏期休業中不給
被服費　生徒一名年額金拾貳圓貳錢五厘
需用品費　生徒一名月額金四拾五錢
八月不給
修學旅行費　生徒一名年額金貳圓
以十日計一日金貳拾錢
生徒一名一年平均學資　金六拾七圓四拾貳錢五厘

東京府女子師範學校本年經費表

東京府女子師範學校經費豫算額

一金貳萬六千貳百五拾貳圓參錢

一學級數　五學級　生徒數　百五十六名

附屬小學校

一學級數　尋常科四學級　高等科四學級　生徒數　二百五名　百四十名

東京府立第二高等女學校經費豫算額

一金五千貳百八拾八圓四拾八錢

一學級數　六學級　生徒數　二百五十六名

師範學校

敎員　十一名　男四名　女七名

附屬小學校

敎員　七名　男四名　女三名

高等女學校

敎員	十三名（男四名　女九名）

東京市立常盤尋常高等小學校一覽表（明治三十五年四月調）

校名	創年月	位置	敷地	附屬地	校舍構造	建坪	延坪	敎室個數	敎室坪數
常盤尋常高等小學校	明治六年三月一日	日本橋區本石町一丁目十七十八十九番地	九七一坪	四一七、二八九	西洋風二階建木骨釣瓦總塗屋	三三一	六六二	一八	二七九、二五

特別敎室	個數	坪數
唱歌	三	四七、二五
裁縫理科		三三

	職員室	應接室	附添人室	保育室開講	保育室遊戯	運動場
個數	一	一	一	二	一	
坪數	三八、二五	七、五	六	三四、七五	一六	三七一

學級	男	女
尋常	四	四
高等	六	四
計	一〇	八
合計	一八	

職員

職名	人員男	人員女	計
訓導兼校長	一		一
訓導	一二	九	二一
准訓導	一	|	一
代用敎員	|	|	|
保姆		四	四
事務掛	二		二
計	一六	一三	二九

資格	人員男	人員女	計
高等本科正敎員	一一	八	一九
尋常本科正敎員	二	|	二
本科准敎員	一	|	一
專科正敎員	二	一	三
代用敎員	|	|	|
保姆		四	四

在職年月	人員男	人員女	計	年功加俸受領者男	年功加俸受領者女
十五年以上	二	〇	二	二	|
十年以上	一	二	三	一	二
五年以上	五	〇	五	三	|
三年以上	〇	一	一	|	|
一年以上	五	七	一二	|	|
一年未滿	三	三	六	|	|

俸給

訓導	五五	三〇	二七	二四	二三	二〇	一八	一六	一四	一三	一二
	一	一	一	三	三	八	一	三	三	〇	一

保姆	一六	一二	一〇	八	|
	一	二	|	一	

事務掛	一四	一二	
	一	一	||

六十三

六十四

兒童

定員	
尋常	五七四
高等	五二二
幼稚	一〇〇
計	一、一九六

現員

		一學年	二學年	三學年	四學年	計
尋常	男	七二	七二	七二	七二	
尋常	女	七二	七〇	七二	七二	
尋常	計	一四四	一四二	一四四	一四四	五七四
高等	男	八二	六七	六〇	四七	
高等	女	六〇	四六	四七	三四	
高等	計	一四二	一二三	一〇七	八一	四五三
合計		二八六	二六五	二五一	二二五	一〇二七

幼稚	三歲	四歲	五歲	六歲
男	三	一三	二七	一五
女	四	一四	二五	一一
計	三六	二七	五二	一一二

卒業生

	男	女	計
三十五年三月卒業	三七	四七	八四

授業料

	月額	減額
尋常	二〇〇	
高等	八〇〇	三〇〇 五〇〇 六〇〇
幼稚	一、〇〇〇	—

日本橋區

學校數	
市立	八
私立	一四
代用私立	五

戶數	二四一〇三
人口	一三三三二六
學齡兒	一三八一九
就學兒	一二四七七

不就學數	
猶豫數	一三三二
免除數	一〇
其他	〇
就學兒步合	〇、九〇三

摘要　本調查依三十三年度

經常費豫算

歲入	
生因基本財產收入	八二三、二〇〇
授業料	四九七四、二〇〇
保育料	一二四三、〇〇〇
雜收入	五七、五〇〇
前々年度繰越	一五九、二四〇
補充費	六四三五、〇〇〇
計	一三六九二、一四〇

歲出	
給料	七二四八、〇〇〇
雜給	一四三九、二五〇
需用費	一〇六五、〇一〇
諸費	二八九八、三三八
豫備	四一、五四二
	—
計	一三六九二、一四〇

沿革摘要

東京麴町區市立富士見尋常高等小學校略圖 明治三十二年十二月現狀

創立當時	創立	明治十年四月
	位置	富士見一、二十一
	敷地	九十八坪
	校舍	六十一坪
位置變更	位置變更	明治十八年九月富士見六、二
	敷地	七百五十坪
	校舍	二百十坪餘
	幼稚園創立	明治二十年九月
現在	校舍改築	明治二十七年三月四日
	幼稚園新築	明治三十年十二月
	敷地	千四百三十坪餘
	校舍	四百四十四坪

男子部	生徒 七〇四人	訓導 一四人	部長 村田猛	勤續年數 九年八月	尋常 四一八人 高等 二九三人
女子部	生徒 六六二人	訓導 一三人	部長 望月美代	勤續年數 十年十月	尋常 三六七人 高等 二九五人
幼稚部	幼稚 一五〇人	保姆 六人	部長 山下艶	勤續年數 十年七月	男 七六人 女 七四人
合計	生徒 一、五一六人	職員 三四人			

明治二十三年以後年末	生徒員數	同上生徒増減數	同上卒業生員數
二十三年	八三五	同上増 九五	同上 一八
二十四年	九五八	同上増 一二三	同上 三七

明治二十三年以後	授業料收入額		同上經費支出額
二十三年	四、八四一・八〇〇	二十三年	四、四九一・五六一
二十四年	五、〇八九・五五〇	二十四年	四、七五七・二一二

六十六

明治二十三年以後年末	生徒員數	同上生徒增減數	同上卒業生員數
二十五年	一、〇一六	增五八	五二
二十六年	一、〇六五	增四九	六一
二十七年	一、〇三六	減二九	六一
二十八年	一、一四一	增一〇五	六二
二十九年	一、二〇〇	增五九	三五
三十年	一、二七三	增七三	五三
三十一年	一、三〇四	增三一	八〇
三十二年	一、五一六	增六四	八二

明治二十三年以後	授業料收入額	同上	經費支出額
二十五年	五、四三〇・二〇〇	二十五年	四、九六六・六七三
二十六年	五、五五二・九五〇	二十六年	五、〇一六・五〇九
二十七年	五、七二七・八〇〇	二十七年	五、〇一二・六〇七
二十八年	五、九七七・八五〇	二十八年	四、九九一・九七一
二十九年	六、八五九・九〇〇	二十九年	五、三四〇・四二九
三十年	七、六六七・一九五	三十年	七、〇二六・五七八
三十一年	八、二〇六・九〇〇	三十一年	七、八二四・六六六
三十二年	八、七四九・三〇〇	三十二年	八、一〇二・三三四

兵庫縣御影師範學校職員表

學校長從六位勳六等　松尾貞次郎

一　敎諭　十三名

一　助敎諭　二名

一　訓導　二十名

一　其他敎員　五名

一　書記（內雇一名）　五名
一　教諭俸給最高月八拾圓最低參拾五圓
一　助教諭俸給最高月參拾圓最低貳拾圓
一　訓導俸給最高月貳拾五圓最低拾七圓
一　其他教員最高月六拾五圓最低參拾圓
一　書記俸給最高月參拾圓最低拾五圓（但雇）

兵庫縣御影師範學校生徒表

一　總員　三百九十七名

內譯

第一學年　六十六名
第二學年　七十五名
第三學年　百三十名
第四學年　百二十六名

附記　年齡最多者二十七歲・最少十六歲・就中十九、二十、二十一歲者最多・

兵庫縣御影師範學校經費表

一御影師範學校費	五九、二七七・七六七
俸給	一八、五三四・〇〇〇
教員給	一七、二七四・〇〇〇
書記給	一、二六〇・〇〇〇
雜給	二、八〇八・二一〇
諸雇給	一、三三三・八〇〇
薪水	六九六・〇〇〇
旅費	四五三・四一〇
恩賞	三二五・〇〇〇
退職給與金	一九八・一三三
國庫納金	一九九・三四〇

生徒諸費	二四、七五八・五六〇
食費	一八、〇八二・八〇〇
被服費	五、二三七・一六〇
雜費	一、四三八・六〇〇
校費	九、六七五・九四七
備品費	五、二八六・七八〇
文具費	三一・六五〇
消耗品費	二、〇八九・三二七
圖書印刷費	九七一・六五〇
通信運搬費	七六・八〇〇
被服費	一七九・五〇〇
火災保險料	八四〇・〇〇〇
雜費	九八・六〇〇
修繕費	三八〇・〇〇〇

附屬小學校費	二、七二三・五七七圓
雜給	三九〇・二〇〇
校費	一、九九八・三七七
修繕費	二〇〇・〇〇〇

東京盲啞學校概則

一 明治三十五年度豫算 圓以下略

歲入經常部	
第一項 政府支出金	一、二四一二圓
第二項 諸收入	四〇二五
合計	一、五四三七
資金部歲入	
第一項 寄附金	一〇〇
第二項 財產賣却代	四二五〇
合計	四三五〇
資金部歲出	

歲出經常部	
第一項 俸給及諸給	七五一五圓
第二項 廳費	三一四三
第三項 修繕費	一〇四四
第四項 死傷手當	一
第五項 賠償及訴訟費	二
第六項 諸收入過納戾	一
第七項 旅費	一四〇
第八項 雜給及雜費	二二一一

第一項　財產購入代	四五二〇
合計	四五二〇

資金

資金	
第一　整理公債額面	三、三〇〇圓
第二　日本鐵道拂込高	四、〇四五〇
第三　中央金庫預	三六五二
合計	七、七一〇二

第九項　學生費	一三八〇
合計	一、五四三七

敷地及建物坪數

第一　敷地	六九三七坪
第二　本校舍	三〇七
第三　男子寄宿舍	三〇八
第四　女子寄宿舍	二三五
第五　官舍及門番所	六五
第六　鍼按實習場	一二
第七　物置	三六

二　每年末生徒數

調查年	盲生 男	盲生 女	盲生 合計	啞生 男	啞生 女	啞生 合計	總計
明治十三年	七	一	八	四	一	五	一三
十四年	一二	二	一四	八	一	九	二三
十五年	一三	四	一七	八	三	一一	二八

七十二

明治							
十六年	一四	四	一八	一〇	五	一五	三三
十七年	一三	五	一八	一四	五	一九	三七
十八年	一一	四	一五	一五	六	二一	三六
十九年	一〇	二	一二	一七	六	二三	三五
二十年	一三	一	一四	二一	一四	三五	四九
二十一年	一九	二	二一	二七	一三	四〇	六一
二十二年	二二	七	二九	三一	一三	四四	七三
二十三年	一八	五	二三	三三	一五	四八	七一
二十四年	二〇	四	二四	三〇	一八	四八	七二
二十五年	二六	六	三二	三六	二四	六〇	九二
二十六年	四〇	六	四六	四三	二二	六五	一一一
二十七年	三四	五	三九	三九	二三	六二	一〇一
二十八年	三七	六	四三	三五	二九	六四	一〇二
二十九年	三九	四	四三	四四	三七	八一	一二四
三十年	五三	八	六一	六〇	四三	一〇三	一六四
三十一年	六〇	九	六九	八〇	五九	一三九	二〇八
三十二年	五三	九	六二	九九	五七	一四八	二一〇
三十三年	五〇	八	五八	一〇二	六五	一六七	二三五
三十四年	五二	一〇	六二	一一八	七二	一八二	二四四

三　卒業生　（明治三十四年末）

盲生					唖生					合計
尋常科	技藝科				尋常科	技藝科				
	彈琴	鍼按	按摩	西樂		圖書	彫刻	指物	裁縫	
四二	一〇	四五	五	三	五五	三二	五	七	一四	二一六

四　盲生卒業後狀況　（明治三十四年末調）

卒業後狀況＼卒業學科目	一 尋常科鍼治按摩	二 鍼治按摩	三 尋常科	四 彈琴	五 按摩	六 尋常科彈琴	七 彈琴按摩	八 尋常科彈琴鍼治按摩	九 尋常科彈琴Violin	十 鍼治按摩Violin	十一 尋常科按摩	十二 Violin	合計
一 鍼按營業	一七	四								一			二二
二 教員	三	二	一			一							七
三 病院按摩	四	二											六
四 本校助手	二	一						一				一	五
五 琴師匠				二					一				三
六 鍼治專修			二										二
七 彈琴溫習						一	一						二

	一	二	三	四	五	六	七	八	九	十	十一	十二	計
八 彈琴專修			一										一
九 病死	五	一	二	一	三		一				一		二
十 不詳				一	一								一四
合計	三二	一〇	六	四	四	二	二	一	一	一	一	一	六四

五 啞生卒業後狀況 （明治三十四年末調）

卒業後狀況＼卒業學科目	一 尋常科	二 尋常科 圖畫科	三 尋常科 圖畫科 裁縫科	四 尋常科 圖畫科 指物科	五 裁縫科	六 尋常科 圖畫科 彫刻科 指物科	七 裁縫科	八 圖畫科 裁縫科	九 尋常科 彫刻科	合計
一 繪畫專修	七	四								一一
二 家事補助	一	一		一		一	一	一		六
三 農業	三	一	一							五
四 裁縫專習	二		三							五
五 家務	一		一				一			三
六 縫職	一		一			一				三
七 彫刻專修	二				一					三
八 本校助手		一			一					二
九 敎員		一				一				二

十 風琴製造	一				一					二
十一 寫眞				一	一					二
十二 蒔繪師		一								一
十三 印刻									一	一
十四 陶畫		一								一
十五 染物	一									一
十六 足袋		一								一
十七 靴工	一									一
十八 病氣			一							一
十九 死亡		二	一	一			一			五
二十 不詳		一		二						三
合計	二〇	一四	八	五	四	三	三	一	一	五九

六 附記

內國學齡盲啞數及學齡兒一萬八

中盲啞比例　×印盲而啞者

學齡兒童中盲啞兒

明治三十四年三月末文部省物事年報抄

但改府縣名地方別於盲啞合數順又萬分比例一位以下四捨五入

七十六

府縣	盲 男	盲 女	盲 合計	數順	學齡兒一萬中比例	比順	啞 男	啞 女	啞 合計	數順	學齡兒一萬中比例	比順
新潟	一八四	一七九	三六三	1	一二	2	二〇四	一六六	三七〇	1	一三	3
兵庫	一三〇 ×一	一〇〇 ×一	二三〇 ×二	3	八	9	一七一	一二五	二九六	2	一一	7
福岡	一一八	一三六	二五四	2	一一	3	一四三	一三〇	二七三	4	一二	4
鹿兒島	七七	一〇一	一七八	4	一〇	4	一六六	一二九	二九五	3	一七	1
宮城	七四	六〇	一三四	11	八	10	一三一	九八	二二九	5	一四	2
愛知	七三	八七	一六〇	6	六	21	一一三	八九	二〇二	7	七	28
埼玉	七一	六五	一三六	9	七	13	一二三	一〇八	二二九	6	一二	5
茨城	九八	七五	一七三	5	九	5	一〇八	七七	一八五	9	一〇	12
大阪	六八	八九	一五七	7	七	14	一〇四	八一	一八五	10	九	18
熊本	六八	六八	一三六	10	七	15	一〇三	八七	一九〇	8	一〇	13
三重	六四 ×三	四九 ×六	一一三 ×九	13	七	16	一〇〇	七一	一七一	12	一〇	14
千葉	五七	五二	一〇九	15	五	28	一〇四	七〇	一七四	11	八	28
東京	六六	三八	一〇四	19	四	34	九八	五七	一五七	13	五	38
京都	五〇	四〇	九〇	22	六	21	九九	五六	一五五	14	一一	8
香川	七〇	八四	一五四	8	一四	1	四六	四〇	八六	36	八	24
富山	五七	四四	一〇一	20	七	17	七六	五八	一三四	17	一〇	15
廣島	六二	四四	一〇六	17	四	35	八四	四一	一二五	20	五	39

七十七

愛媛	六七	五一	一一八	17	八	11	五八	四九	一〇七	28	七	29
長野	三九	二七	六六	32	三	41	八二	七三	一五五	15	八	25
岐阜	五〇	五九	一〇九	16	七	18	五三	四九	一〇二	31	六	34
長崎	四八	三一	七九	24	六	23	七一	六一	一三二	18	一〇	16
岩手	五九	三四	九三	21	八	12	六五	四七	一一二	22	九	19
青森	六六	三九	一〇五	18	九	6	六四	三一	九五	32	八	26
和歌山	二八	三三	六一	33	六	24	七九	五一	一三〇	19	一三	6
岡山	三八	三七	七五	26	五	29	五五	五三	一〇八	26	七	30
栃木	四〇	三五	七五	27	五	30	七三	三三	一〇六	29	七	31
島根	三六	三三	六九	29	七	19	七一	四一	一一三	23	一一	9
滋賀	三一	二七	五八	35	五	31	六六	五〇	一一六	21	一〇	17
山形	六八	六三	一三一	12	九	7	九〇	五〇	一四〇	16	九	20
山口	三四	二四	五八	36	四	36	六三	四八	一一一	24	七	32
静岡	二五	三六	六一	34	三	42	六三	四五	一〇八	27	五	40
石川	三八	三六	七四	28	六	25	四九	四四	九三	33	八	27
神奈川	二九	二四	五三	40	三	43	六七	三九	一〇六	30	七	33
佐賀	三〇	二八	五八	37	六	26	五三	五六	一〇九	25	一一	10
福島	三七	三〇	六七	30	三	44	五八	二九	八七	35	四	43
群馬	二九	二六	五五	39	四	37	五七	三三	九〇	34	六	35

宮崎	三二	三五	六七	31	九	8	四五	四〇	八五	37	一一	11
北海道	五二	三三	八五	23	五	32	四三	二二	六五	41	四	44
奈良	二六	一六	四二	43	五	33	四六	三六	八二	38	九	21
秋田	三二	一七	四九	41	四	38	四一	三一	七二	40	五	41
徳島	三五	四一	七六	25	七	20	一五	二四	三九	45	四	45
大分	二三	一七	四〇	44	三	45	三八	三六	七四	39	六	36
高知	二五	三三	五八	38	六	27	二四	二三	四七	44	五	42
山梨	一四	一六	三〇	45	三	46	三二	二一	五三	43	六	37
福井	二三	二〇	四三	42	四	39	二一	一六	三七	46	四	43
鳥取	一二	一二	二四	46	四	47	四〇	一六	五六	42	九	22
沖縄	二	一	三	47	〇	47	一七	三	二〇	47	三	47
總計	二四五五×四	二二二五×七	四六八〇×一一		六		三五七〇	二六三五	六二〇五		八	

七 內國盲啞學校（明治三十四年末）

開校順	校名	所屬	開校年
一	京都市盲啞院	市	明治一一
二	東京盲啞學校	官	同 一三
三	高田訓矇學校	私	同 二三

開校順	校名	所屬	開校年
九	東海訓盲院（掛川）	私	明治三一
一〇	長崎盲啞學校	私	同 三一
一一	豐橋盲啞學校	私	同 三三

七十八

四	横濱基敎訓盲院	私	同	二五
五	岐阜聖公會訓盲院	私	同	二七
六	北盲學校（札幌）	私	同	二七
七	函館訓盲院	私	同	二七
八	福島訓盲學校	私	同	三一
一二	大阪盲啞學校	私	同	三三
一三	長野盲人學校	私	同	三三
一四	佐土原學校（鹿兒島縣）	私	同	三三
一五	臺南慈惠院敎育部	廳	同	三三
一六	名古屋盲人學校	私	同	三四

八　外國盲啞痴比例

國名	調査年	人口一萬中					
		盲人		啞人		痴及狂人	
		比例順	一人數	比例順	一人數	比例順	一人數
獨逸	?	9	九	6	一〇	6	二三
北米合衆國	一八七〇	17	五	17	四	12	一六
佛蘭西	一八七二	10	八	13	六	5	二六
英吉利	一八七一	8	一〇	15	六	2	三一
伊太利	?	7	一〇	11	七	11	一七
澳地利	一八六九	16	六	7	一〇		?
西班牙	一八六〇	6	二一	12	七		?
匈牙利	一八七〇	5	一三	4	一三	9	二一

白耳義	一八五八	11	八	16	四	13	一四
瑞典	一八七〇	12	八	5	一〇	8	三三
和蘭	一八六九	18	四	18	三		?
瑞西	一八七〇	14	八	2	二五	4	二九
典抹	?	13	八	14	六	7	二三
亞爾然丁共和國	?	2	二〇	1	三八	1	四七
諾威	一八六五	3	一四	8	九	3	三一
西印度	一八七一	1	三三	10	八	15	一三
加奈陀	一八七一	5	六	9	八	10	一七
阿弗利加	一八七一	41	一三	3	一六	16	五
濠斯太利	一八七一	19	四	19	二	14	一三
平均			九		八		二三

九 外國盲唖學校 (明治二十九年末)

國名＼校數	公立學校			私立學校			合計
	盲學校	盲唖學校	唖學校	盲學校	盲唖學校	唖學校	
獨逸	二三	一	七五	五		二一	一二四
北米合衆國	三三	一二	六〇			一九	一一四

佛蘭西	一	一	一三	一七	二	五四	八八
英吉利	一	一	三六	三四	一	七	八〇
伊太利			八	七		四三	五八
澳地利匈牙利	六		二〇	四		一〇	四〇
瑞西	一	一	四		一	一二	一九
露西亞	三		九	四		三	一九
西班牙	四	一		八	一		一四
瑞典	二		九	一			一二
白耳義		二		四		三	九
丁抹	一		三	二		二	八
加奈陀		五			一	一	七
諾威	一		五	一			七
和蘭				三		三	六
濠斯太利	一	二	二	一			六
亞弗利加		一		一		四	六
葡萄牙			二			一	三
支那（英人所說）				二		一	三
墨西其	一		一				二
印度（英人所說）						二	二

留馬爾亞			一				一
玖馬		一					一
亞爾然丁共和國			一				一
合計	六七	二八	二五五	九四	六	一八六	六三二

私立女子職業學校概則

一　創　立

明治十九年九月。同志者相謀。以適應女子職業及切要學科爲目的。立一女學校于東京市神田區錦町二丁目。曰私立女子職業學校。

二　目　的

適應女子職業及切要學科之講授。

三　位　置

東京市神田區一橋通町二十二番地。

四　教　科

教科分藝科及學科二種。藝科裁縫、編物附組系、刺繡、圖畫、造花之五科目。學科修身、國語、算術、家政、理科之五科目。

藝科依生徒之志望。擇修一二科目。學科通諸生徒授之。

藝科擇修二科目之生徒稱甲科生。其擇修一科目者稱乙科生。別置裁縫敎員養成科及割烹科。

五敎授要目

科目	摘要	敎員數	生徒數	卒業生數
裁縫科	和服各種、男女小兒洋服、婦人洋服、小衣袴等	二三	甲三六八 乙一三七	八九七
編物科	以毛糸、絹糸、及木綿糸等編帶韈、肩掛、帽子、小衣袴之屬	四	甲一三六 乙一	一六九
附組糸科	織紐、被紐、帶結其他各種組法			
刺繡科	半襟、服紗、額面、掛物等其他室內裝飾品人物、草木、花鳥、山水等模樣綵繡兼修圖畫	四	甲一四四 乙一一	三五三
圖畫科	以本邦繪畫爲主、圖案授陶器畫及友禪畫法	二	甲四三 乙〇	五八
造花科	室內裝飾、婦人帽飾及一般花簪等製造、兼修植物學大意及圖畫	五	甲七七 乙一〇	一四九

造花科別科	近來造花需用甚、多計乏學資者之便利、以校費敎之		一三	二一
學科	本校以藝科爲主、副之以修身、國語、算術、家政、理科五科、務取適於實用授之	七	四六〇	八〇五
割烹科	日常飲食物調理法及關食物調理之理論	二	七五	六五
裁縫敎員養成科	使卒業後可爲敎員者入學、敎以裁縫、國語、算術、家政、敎育等	一〇	一二	五〇
合計 除兼任及兼修者之實數		五一	一四八七 六六六	二五六七 三七五（從事內敎實者） 一、三二二

六　修業年限

修業年限甲科三年、乙科二年、裁縫敎員養成科及割烹科各一年

七　入學程度

甲科生年齡十二年以上•終國民義務敎育者、乙科生年齡十五年以上•略讀書者、裁縫敎員養成生高等小學校卒業及有相當之學力者•割烹科入學之程度不一定

八 職員

理事　三名

監事　二名

商議員　十名

校長　一名

校長補　一名

事務員　七名　內五名兼學科教員

教授囑託　十二名

學科教員　五名

藝科教員

裁縫科　二十二名

刺繡科　四名

編物科　四名

圖書科　二名

造花科　五名

割烹科　二名

九　寄宿舍

校內生徒七十餘名。設寄宿舍。置監督二名。當薰陶之責。現今寄宿者七十五名。

十　校舍

建坪

教室	樓房	二百五十二坪（每坪見方六尺）
	平房	百十六坪
寄宿舍	樓房	七十二坪
	平房	四十四坪餘

十一　財產

財產總額	四萬壹千五百五拾壹圓四拾七錢
歲入豫算總額	壹萬八千六百八拾圓

京都市學事一覽表（明治三十四年九月調查）

（本表中三三、一二末調者、三十三年十二月末日所調查、三三統計者三十三年度之統計也、其他倣此）

面積及廣袤（三三、一二末調）

	面積（方里）	廣袤 極東西（里、丁）	廣袤 極南北（里、丁）
上京	一、一三	二、〇九	、三〇
下京	、七三	一、〇〇	一、〇三
計	一、八六	二、一四	一、三四

戶數及人口（三三、一二末調）

	戶數	人口 男	人口 女
上京	二九、六一四	八六、八三六	八五、六九一
下京	三八、六四九	一〇一、八九九	九七、一七四
計	六八、二六三	一八八、七三五	一八二、八六五

學齡兒童（三三、統計）

	男	女	計
就學兒童	一八、六九九	一六、九七〇	三五、六六九
不就學兒童	一、四一九	一、九四六	三、三六五
計	二〇、一一八	一八、九一六	三九、〇三四
學齡百中就學	九二、九五	八九、七一	平均 九一、三八

小學校及學級（三四、四、一、調）

	學校數 設補習科者	學校數 不設補習科者	學校數 計	學級數 正科	學級數 補習科	學級數 計
尋常	六	四〇	四六	三五一	七	三五八
尋常高等	一	一三	一四	九九	一五	一一四
高等	三	二	五	九四	三	九七

小學校教員（三三統計）

		本科正教員	准教員	代用教員	專科教員	計
尋常	男	三〇六	二四	三八	—	三六八
尋常	女	九一	一七	二九	一四	一五一
高等	男	六八	四	三四	九	一一五
高等	女	四	—	三	一〇	一七

小學（三三）

		正兒童數
尋常	男	一二、二八五
尋常	女	一一、三九〇
高等	男	二、六九二
高等	女	一、六一五

幼稚園及組數（三三統計）

園數	組數
一九	五九

幼稚園保姆（三三統計）

有資格者	無資格者	計
三一	三六	六七

幼稚（三三）

園兒數 男	園兒數 女
九七一	七二六

校兒童（統計）

教科 入學者	教科 卒業者	補習科 兒童數	補習科 卒業者
三、九六一	二、三五〇	三五〇	一〇三
三、七七五	二、〇一八	五五〇	一七八
一、一五七	二七六	—	—
七三七	一五八	三四	一二

兒園（統計）

保育滿期者 男	保育滿期者 女
五〇〇	三四八

小學校教員俸給

（三三統計）

俸給別人員

俸給	人員
四拾五圓	一
四拾圓	三
參拾五圓	九
參拾圓	一一
貳拾八圓	六
貳拾六圓	二五
貳拾四圓	二四
貳拾貳圓	二八
貳拾圓	六八
拾八圓	四一
拾六圓	四六
拾五圓	八二
拾四圓	六六
拾參圓	五八
拾貳圓	二六
拾壹圓	二四
拾圓	二六
九圓	六
八圓	六
—	—

最多・最寡・平均

			最多	最寡	平均
尋常	本正	男	四〇、〇〇〇	一一、〇〇〇	一八、二九四
尋常	本正	女	二〇、〇〇〇	一〇、〇〇〇	一三、三九六
尋常	准	男	一三、〇〇〇	八、〇〇〇	一〇、七〇八
尋常	准	女	一〇、〇〇〇	八、〇〇〇	九、一七六
尋常	專正	男	—	—	—
尋常	專正	女	一四、〇〇〇	九、〇〇〇	一一、〇〇〇
高等	本正	男	四五、〇〇〇	一六、〇〇〇	二三、四七一
高等	本正	女	二〇、〇〇〇	一四、〇〇〇	一五、五〇〇
高等	准	男	一五、〇〇〇	一二、〇〇〇	一三、七五〇
高等	准	女	—	—	—
高等	專正	男	二四、〇〇〇	一六、〇〇〇	一九、一一一
高等	專正	女	一四、〇〇〇	一〇、〇〇〇	一一、九〇〇

八十九

學務委員（三三統計）

	市	學區
名譽職委員	七	一二〇
由教員加者	二	六〇
計	九	一八〇

學校醫（三三統計）

帝國大學醫學校等卒業者	四七
有醫術開業免狀者	一五
計	六二

實業學校（三四、五末調）

校名	學科及年限	生徒數	卒業生數	職員	委員
美術工藝學校	繪畫科 四年	九二	本年度 九	校長 一	評議員 四
	圖案科 同	三七		教諭 九	
	彫刻科 同	一二	創立以來 一一二	助教諭 五	商議員 四三
	描金科 同	八		其他 一五	
染織學校	本科 三年	六四	本年度 二五	校長 |	評議員 七
	豫科 二年	一四		教諭 六	
	別科 一年	二一	創立以來 三四七	助教諭 二	商議員 二四
	專攻科 一年	一〇		其他 七	
	復習科	二七			
商業學校	本科 四年	三一四	本年度 七四	校長 一 教諭 二一	評議員 五
	豫科 二年	二五三	創立以來 七四二	助教諭 七 其他 五	商議員 一三
簡易商業學校	正科 二年	三一九	本年度 一〇四	校長 一 教諭 一	評議員 五
	專修科 一年	二一	創立以來 |	助教諭 八 其他 |	商議員 一三

盲啞院（三四、五、末調）

學科年限	盲尋常科 五年	啞尋常科 五年	按鍼術科 四年
生徒 男	二一	八三	一八
生徒 女	三	四二	九

學科年限	音曲科 五年	工藝圖畫科 五年	裁縫科 五年
生徒 男	四	九	六
生徒 女	一二	一	八

卒業生 本年	卒業生 創立以來	職員 院長	職員 教諭	職員 助教諭	職員 其他	商議員	協贊員
八	一七〇	一	五	—	一二	一三	一五

學事關係職員（三四、六、一現在）

市役所 視學	市役所 書記	區役所 上京書記	區役所 下京書記
二	四	三	二

學區（三四、豫算）支出

	俸給及報酬	圖書器械費	諸費	計	正員俸給平均額
尋常高等小學校費	一二九、六六四、五九六	九、七七四、七二六	一八〇、四四二、九九二	三一九、八八二、三一四	一七、九三六
幼稚園費	九、五八六、八〇〇	五三〇、六六〇	三、七一〇、四二八	一三、八二七、八八八	九、七七六
學務委員費	一二、八二一、九二〇	—	三、二三五、〇四九	一六、〇五六、九六九	—
會議費	一九九、六五〇	—	二、六三一、二七五	二、八三〇、九二五	—
計	一五二、二七二、九六六	一〇、三〇五、三八六	一九〇、〇一九、七四四	三五二、五九八、〇九六	—

費

收入	
財產收入	四、八八四、九〇六
授業料	三〇、七九一、九五〇
保育料	五、八七四、〇〇〇
雜入	五二、一六五、三三七
市税	二六〇、六八一、九九九
計	三五四、三九八、一九二

市教育費（三四、豫算）

支出

	校長給	教員其他俸給	圖書器械費	諸費	計	教員俸給平均
高等小學校費	—	三九、八〇〇、六〇〇	六、二七二、〇五四	一四、〇五八、二九六	六〇、一三〇、九五〇	二二、〇〇〇
美術工藝學校費	一、〇〇〇、〇〇〇	一〇、九九一、二〇〇	二、二一四、七一〇	三、五二九、五二三	一七、七三五、四三二	三五、八五七
染織學校費	一、〇〇〇、〇〇〇	六、〇〇七、三五〇	一、六六九、五六〇	五、八六八、六五五	一四、五四五、五六五	三三、〇〇〇
商業學校費	一、四〇〇、〇〇〇	一六、五二三、六五〇	二、二一一、五四〇	五、九九一、八六六	二六、一二七、〇五六	三九、一五三
簡易商業學校費	—	四、四五四、九〇〇	九七四、六五〇	一、五四八、八八六	六、九七八、四三六	二五、八八〇
學事諸費	—	—	—	六〇〇、〇〇〇	六〇〇、〇〇〇	—
補助費	—	—	—	四、六二〇、〇〇〇	四、六二〇、〇〇〇	—
計	三、四〇〇、〇〇〇	七七、七七七、七〇〇	一三、三四二、五一四	三六、二一七、二二五	一三〇、七三七、四三九	—

收入

	財產收入	授業料	國庫補助	雜入	市税	計
高等小學校	二四七、八八五	三〇、〇〇八、〇〇〇	—	二〇六、二七〇	二九、六六八、七九五	六〇、一三〇、九五〇
美術工藝學校	—	—	四、〇〇〇、〇〇〇	八、六四〇	一三、六七六、七九二	一七、六八五、四三二
染織學校	—	—	四、〇〇〇、〇〇〇	一二七、八四〇	一〇、四一七、七二五	一四、五四五、五六五

入						
商業學校	—	七、一五八、八〇〇	三、〇〇〇、〇〇〇	二六、一〇〇	一五、三八二、一五六	二五、五六七、〇五六
簡易商業學校	—	二、三四八、五〇〇	一、二〇〇、〇〇〇	一七、九一〇	三、四一二、〇二六	六、九七八、四三六
計	二四七、八八五	三九、五一五、三〇〇	一二、二〇〇、〇〇〇	三八六、七六〇	七二、五五七、四九四	一二四、九〇七、四三九

授業料（三四、豫算）

小學校	尋常	二年高等	四年高等
最多	、二〇〇	、五〇〇	、五〇〇
最寡	、〇八〇	、三〇〇	、五〇〇
平均	、一二五	、四一一	、五〇〇

實業學校		
商業學校	本科	一、二〇〇
	豫科	、八〇〇
簡易商業學校		、五〇〇

小學校教員年功加俸（三四、七、一現在）

	人員	加俸月額
依新令者	二三八	五九四、〇〇〇
依補助法第六條之規定者	二一	四一、五五〇
計	二五九	六五五、五五〇

小學校加設學科目

尋常	圖畫、唱歌、裁縫
高等	英語 隨意科（限男子）

京都市教育資金	四一、三三一、二五〇

學區有財產（三三、統計）

學校基本財產						圖書價
金額	土地坪數	土地價格	建物坪數	建物價格		
八五、四〇〇、七六四	七九二、〇〇	九八四、〇〇〇	六五、〇〇	六五〇、〇〇〇		一一、九一二、三六九

敷地坪數	敷地價格	附屬地坪數	附屬地價格	建物坪數	建物價格	器械器具價
四七、五二六、〇九	五〇四、六六六、一七〇	五、〇一六、五四	三五、二七五、六〇九	二〇、七〇三、九五	五三五、九一一、二四二	六五、八一七、四〇六

市有

	高等小學校	美術工藝學校
基本財產（同）金額	三六二、一一三	三、五二八、六六〇
敷地坪數	一三、一六〇、〇六	—
敷地價格	七六、二九三、七四五	—
圖書價	一、七九八、五一〇	二、八三二、四七〇
器械器具價	二三、一三三、一〇四	八、五四九、九五七

九十四

財產（三三、統計）

	染織學校	商業學校	簡易商業學校
同 金額	一二〇、八一五	—	—
敷地 坪數	—	三、二六三、〇〇	六八九、一六
敷地 價格	—	四八、九四五、〇六〇	一〇、三三七、四〇〇
圖書價	五七〇、七五五	一、二五三、七五六	四四、六九四
器械器具價	八、八三九、二八〇	六、四六七、九一四	五三七、六四四

盲啞院經費及財產（三三、統計）

經費

支出		收入	
院長給	五四〇、〇〇〇	財產收入	二、五八〇、九九四
圖書器械器具	二九四、八四二	補助金	七六七、〇〇〇
計	四、六五七、六三八	雜入	一七、三五〇
教員給其他給與	二、五五七、七五一	授業料	三九一、〇〇〇
諸費	一、二六五、〇四五	寄附金	九〇六、〇〇〇
教員平均給	一六、五〇〇	計	四、六六二、三四四

財產（三三、統計）

金額	土地 坪數	土地 價格	圖書及器械器具價
三三、〇三二、五四三	一、二五二、〇〇	一九、四〇六、〇〇〇	一、七四九、三四四

生徒授業料（三四、豫算）

管內	管外
二〇〇	三〇〇

陸軍士官學校中清國學生前後期學科日課表

明治三十五年三月

月日	曜	學科 午前	學科 回數	補修學科 午前	補修學科 回數	應用作業 午後	應用作業 回數
四月一四	月	戰	三七				
一五	火	戰	三八			戰	六
一六	水	兵	二四				
一七	木	築	九	築	二		
一八	金	戰	三九			築	一
一九	土	築	一〇				
二〇	日						
二一	月	戰	四〇				
二二	火	築	一一			築	二
二三	水	兵	二五				
二四	木	戰	四一	戰	一〇		
二五	金	兵	二六			戰	七
二六	土	築	一二				
二七	日						
二八	月	兵	二七				

五

日	曜	第一	第二	第三
二九	火	前期試驗		
三〇	水			
一	木			
二	金			
三	土			
四	日			
五	月	戰 四二		
六	火	靖國神社大祭		
七	水	戰 四三		
八	木	築 一三	築 三	
九	金	兵 二八		築 三
一〇	土	築 一四		
一一	日			
一二	月	戰 四四		
一三	火	兵器見學		
一四	水	築 一五		
一五	木	築 一六	築 四	
一六	金	戰 四五		築 四
一七	土	兵 二九		

九十七

月														六				
一八	一九	二〇	二一	二二	二三	二四	二五	二六	二七	二八	二九	三〇	三一	一	二	三	四	五
日	月	火	水	木	金	土	日	月	火	水	木	金	土	日	月	火	水	木
	戰	築	戰	兵	築	築		築	戰	兵	築	戰	兵		戰	築	戰	築
	四六	一七	四七	三〇	一八	一九		二〇	四八	三一	二一	四九	三二		五〇	二三	五一	二三
				兵							築							築
				六							五							六
		戰			築				築			戰				築		
		八			五				六			九				七		

九十八

月									
六金	七土	八日	九月	一〇火	一一水	一二木	一三金	一四土	一五日
戰	兵		築	戰	兵	戰	築	兵	
九	三三		二四	五三	三四	五四	二五	三五	
						戰			
						二二			
築				戰			築		
八				一〇			九		

備考

一、軍制學。合戰術學回數之中。

二、應用作業之時間充各學科應用習熟。及各科之補習試驗等。其場所于通常自習室。或講堂室外行之。

三、表中戰者戰術學、兵者兵器學、築者築城學、地者地形學之畧語也。

現行學校系統

帝國大學大學院……大學分科
修業年限五年

法科 四年
醫科 四年
工科 三年
文科 三年
理科 三年
農科 三年

音樂學校 三年（豫科一年）

高等師範學校 三年（豫科一年） 師範學校 四年

女子高等師範學校 四年 女子師範學校 三年

高等學校 三年 中學校 五年

高等女學校 五年……三年

高等小學校 四年 尋常小學校 四年 幼稚園 三年

醫學專門學校 四年

盲啞學校 五年

外國語學校 三年

美術學校 四年（豫科一年）

高等農業學校 本科四年（豫科二年）

高等商業學校 三年（豫科一年） 實業學校 甲種三年（豫科二年） 實業補習學校

實業學校 乙種三年

徒弟學校 六箇月……四箇月亦須三年

高等工業學校 三年

百

學校統系目次

文部省直轄學校

一、專門教育

東京帝國大學

法科

醫科　附屬醫院

工科

文科

理科　附屬植物園、天文臺

農科（菓樹園、演習林）

附屬圖書館

第一高等學校

美術學校

音樂學校

外國語學校

實業教育

東京高等工業學校

東京高等商業學校

普通教育

東京高等師範學校

女子高等師範學校

盲啞學校

二、公立學校

東京府師範學校（府立）

東京府女子師範學校（府立）

東京府第一中學校（府立）

東京府第二高等女學校（府立）

常盤小學校
富士見小學校
附屬幼稚園
帝國圖書館
三・私立學校
早稻田專門學校
麻布中學校
（眞宗大學）
日本女子大學校
共立女子職業學校
四・宮內省所管
學習院
華族女學校
五・陸軍省所管
地方幼年學校
中央幼年學校
六・遞信省所管
商船學校
東京郵便電信學校
七・農商務省所管
水產講習所

學校系統一覽表

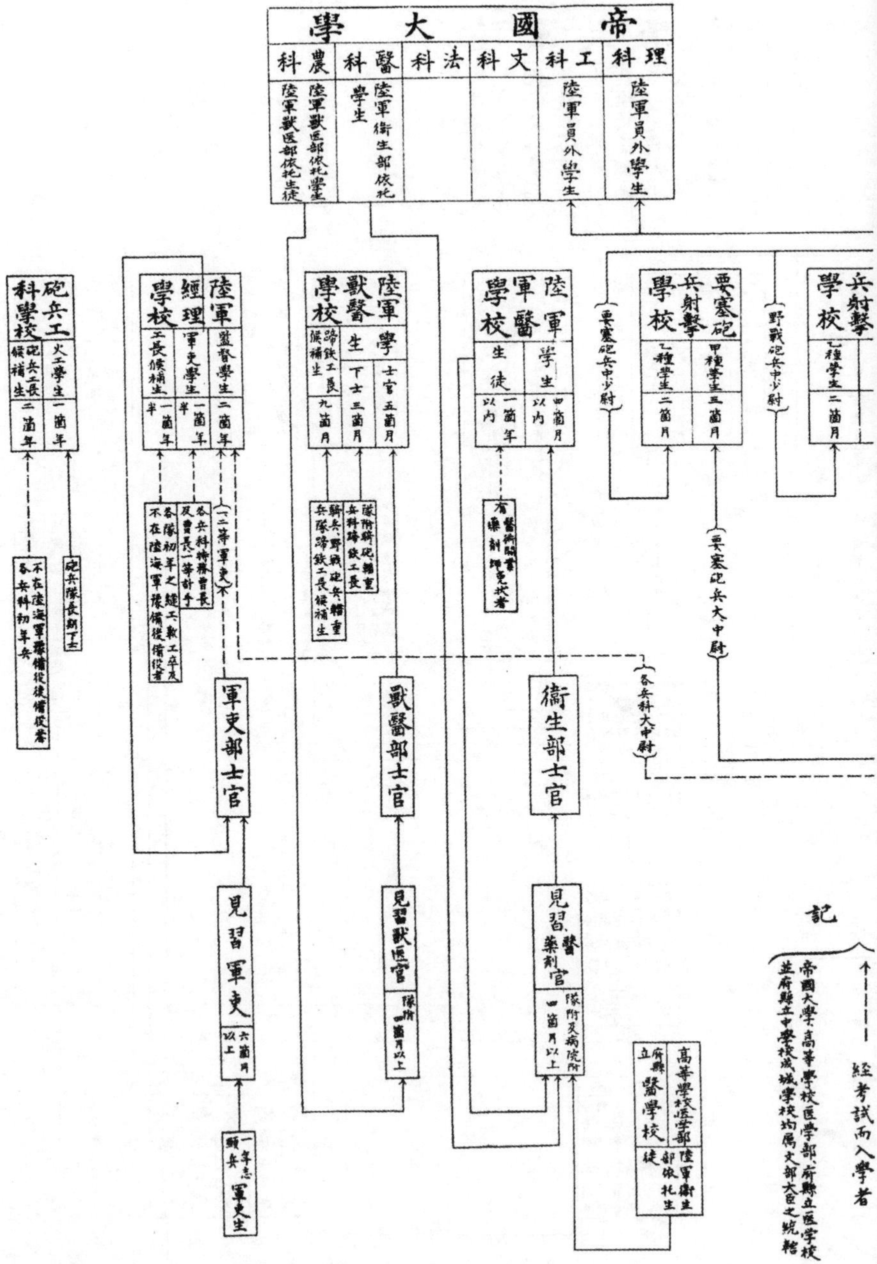
帝國大學
理科
陸軍員外學生
工科
陸軍員外學生
文科
法科
醫科
陸軍衛生部依托學生
農科
陸軍獸医部依托學生
陸軍獸医部依托生徒
兵射擊學校
乙種學生
二箇月
野戰砲兵中少尉
要塞砲兵射擊學校
甲種學生
五箇月
乙種學生
二箇月
要塞砲兵中少尉
要塞砲兵大中尉
陸軍軍醫學校
學生
四箇月以内
生徒
一箇年以内
有醫術開業藥劑師免状者
各兵科大中尉
衛生部士官
見習醫、藥劑官
隊附及病院附
四箇月以上
高等學校醫學部
府縣立醫學校
陸軍衛生部依托生徒
陸軍獸醫學校
學生
士官
五箇月
下士
三箇月
生
蹄鉄工長候補生
九箇月
隊附騎砲輜重兵科蹄鉄工長
騎兵野戰砲兵輜重兵隊蹄鉄工長候補生
獸醫部士官
見習獸医官
隊附
四箇月以上
陸軍經理學校
監督學生
二箇年
軍吏學生
一箇年半
工長候補生
一箇年半
各兵科特務曹長及曹長一等計手
各隊初年之縫工、靴工卒及不在陸海軍豫備後備役者
二等軍吏
軍吏部士官
見習軍吏
六箇月以上
一年志願兵
軍吏生
砲兵工科學校
火工學生
一箇年
砲兵工長候補生
二箇年
砲兵隊長期下士
不在陸海軍豫備後備役者
各兵科初年兵
記
經考試而入學者
帝國大學、高等學校醫學部、府縣立醫學校並府縣立中學校成城學校均屬文部大臣之統轄

大日本帝國陸軍諸

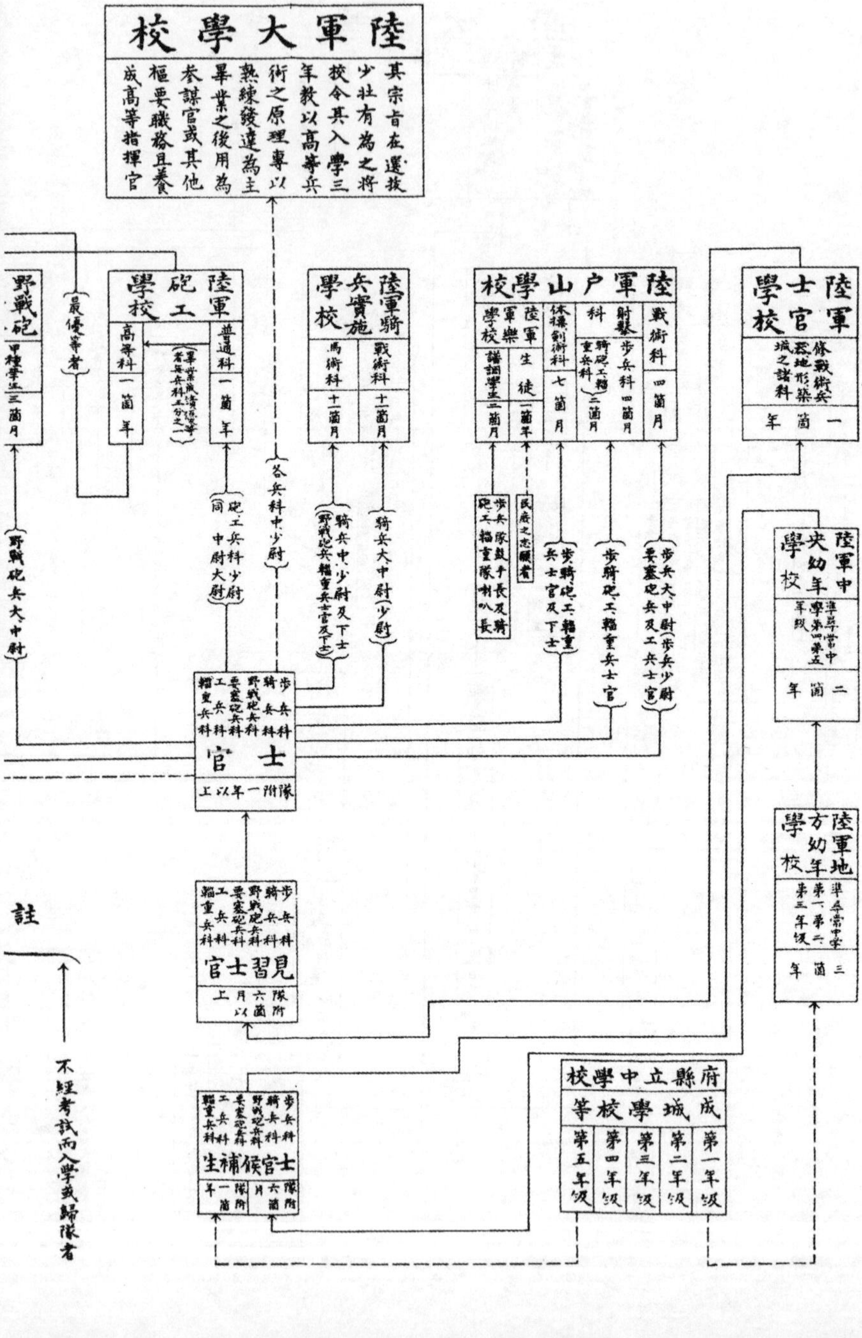

陸軍大學校
其宗旨在選拔少壯有為之將校令其入學三年教以高等兵術之原理專以熟練發達為主畢業之後用為參謀官或其他樞要職務且養成高等指揮官
野戰砲
甲種學生 三箇月
最優等者
陸軍砲工學校
普通科 一箇年
高等科 一箇年
(畢業成績優等者為砲兵科工兵科三分之一)
陸軍騎兵實施學校
戰術科 十一箇月
馬術科 十一箇月
陸軍戶山學校
戰術科 四箇月
射擊科 步兵科四箇月 騎砲工輜重兵科二箇月
体操劍術科 七箇月
陸軍軍樂學校
生徒 一箇年
諸調學生 二箇月
陸軍士官學校
修戰術兵器地形築城之諸科
一箇年
野戰砲兵大、中尉
砲工兵科少尉同中尉大尉
各兵科中、少尉
騎兵中、少尉及下士(野戰砲兵輜重兵士官及下士)
騎兵大中尉(少尉)
步兵隊鼓手長及騎砲工輜重隊喇叭長
民庶之志願者
步騎砲工輜重兵士官及下士
步騎砲工輜重兵士官
步兵大中尉(步兵少尉)要塞砲兵及工兵士官
陸軍中央幼年學校
準尋常中學第四第五年級
二箇年
士官
步兵科 騎兵科 野戰砲兵科 要塞砲兵科 工兵科 輜重兵科
隊附一年以上
陸軍地方幼年學校
準尋常中學第一第二第三年級
三箇年
見習士官
步兵科 騎兵科 野戰砲兵科 要塞砲兵科 工兵科 輜重兵科
隊附六箇月以上
士官候補生
步兵科 騎兵科 野戰砲兵科 要塞砲兵科 工兵科 輜重兵科
隊附六箇月
隊附一箇年
府縣立中學校
成城學校等
第一年級 第二年級 第三年級 第四年級 第五年級
註
不經考試而入學或歸隊者

學科課程表

第一 普通教育

甲 小學校（小學校令及小學校令施行規則參照）

尋常小學校修業年限四年。高等小學校修業年限二年。三年或四年。

尋常小學校之教科目。修身。國語。算術。體操。依土地之情況。加圖畫。唱歌。手工一科或數科。女兒加裁縫。所加科目爲隨意科。

高等小學校之教科目。修身。國語。算術。日本歷史。地理。理科。圖畫。唱歌。體操。女兒加裁縫。

修業年限二年之高等小學校。理科。唱歌。一科若二科闕之。又得加手工科。

一

修業年限三年以上之高等小學校。闕唱歌加農業。商業。手工。一科若數科。

修業年限四年高等小學校。得加英語。

附幼稚園

幼稚園保育幼兒。其條目。遊戲。唱歌。談話及手技。

東京盲啞學校

教科。尋常科技藝科二種。各生徒兼修尋常科及技藝科中之一科若二科。若父兄望其專修尋常科。若認修技藝科中之某科者聽之。盲生尋常科。國語。算術。講談及體操。技藝科。音樂。鍼治及按摩。

啞生尋常科。讀方。習字。作文。算術。筆談及體操。技藝科。圖畫。彫刻。指物及裁縫。

授業時間、尋常科專修生一日三時、鍼治按摩專修生一日五時、其他都爲六時。
修業年限、按摩專修者三年、其他凡五年。
乙　中學校（中學校令及中學校令施行規則參照）
修業年限五年、但置一年以內之補習科。
年齡十二年以上、卒高等小學校第二學年課程及有同等之學力者、得以入學。
中學校之科目、修身、國語及漢文、外國語、歷史、地理、數學、博物、物理及化學、法制及經濟、圖畫、唱歌、體操。
外國語、英語、獨語及佛語。
法制及經濟、唱歌、得暫缺之。
於各學年各學科目每週教授時數如左表。

三

四

學科目＼學年	第一學年	第二學年	第三學年	第四學年	第五學年
修身	一	一	一	一	一
國語及漢文	七	七	七	六	六
外國語	七	七	七	七	六
歷史地理	三	三	三	三	三
數學	三	三	五	五	四
博物	二	二	二		
物理及化學				四	四
法制及經濟					三
圖畫	一	一	一	一	
唱歌	一	一	一		
體操	三	三	三	三	三
計	二八	二八	三〇	三〇	三〇

丙　高等女學校（高等女學校令及高等女學校令施行規則參照）

修業年限四年。但依土地之狀况。得伸縮一年。或置二年以內之補習科。

高等女學校之科目。修身。國語。外國語。歷史。地理。數學。理科。圖畫。家事。裁縫。音樂。體操。但修業年限短縮之學校。缼外國語。

外國語。英語及佛語。

各學年各學科目之每週教授時數如左表。

學科目 \ 學年	第一學年	第二學年	第三學年	第四學年
修身	二	二	二	二
國語	六	六	五	五
外國語	三	三	三	三
歷史、地理	三	三	二	三
數學	二	二	二	二
理科	二	二	二	一
圖畫	一	一	一	一

五

	家事	裁縫	音樂	體操	敎育	手藝	計
		四	二	三			二八
		四	二	三			二八
	二	四	二	三			二八
	二	四	二	三			二八

第二　師範敎育（師範敎育令參照）

甲　師範學校（師範學校令、師範學校學科及其程度參照）

師範學校男生徒之科目。修身。敎育。國語。漢文。歷史。地理。數學。物理。化學。博物。習字。圖畫。音樂。體操。依土地之情況。加外國語。農業。商業。手工中一科若數科。其加數科目者。依生徒之所長。就中課以一科。

師範學校女生徒之科目。修身。敎育。國語。漢文。歷史。地理。數學。理科．家事．習字．圖畫．音樂．體操．

師範學校修業年限．男生徒四年．女生徒三年．

依土地之情況．師範學校置簡易科．豫備科．小學校教員講習科．

幼稚園保姆講習科．

師範學校（男生徒）

學科目＼學年	第一學年	第二學年	第三學年	第四學年
修身	二	二	二	二
教育	二	二	三	一七
國語	四	二	二	
漢文		二	二	二
歷史	二	二	二	
地理	二	二	一	
數學	四	四	三	二
物理及化學	二	二	三	二

七

學年 \ 學科目				
博物	三	二	二	
習字	二	二	一	
圖畫	二	二	二	一
音樂	一	一	二	二
體操	六	六	六	三
外國語	(二)	(三)	(三)	(三)
農業	(二)	(三)	(三)	(三)
商業	(二)	(三)	(三)	(三)
手工	(二)	(三)	(三)	(三)
計	三四	三四	三四	三八

（女生徒）

學科目 \ 學年	第一學年	第二學年	第三學年
修身	二	二	二
教育	二	二	四
國語	四	三	前半 三 後半 二
漢文	二	二	三
	二	二	二

八

科目			
歷史	二	二	二
地理	二	二	一
數學	三	三	二
理科	六	三	三
家事	二	六	六
習字	二	二	二
圖畫	二	二	二
音樂	二	二	二
體操	三	三	三
計	三四	三四	三四

乙 高等師範學校

豫科本科研究科三種。更分本科爲四學部。修業年限。豫科一年。本科三年。研究科一年。

本科第一學部之科目。倫理。教育學。心理學。國語。漢文。英語。獨語。(或佛語)。歷史。哲學。言語學。生物學。生理學。體操。但隨意科加法制。

經濟、音樂、一科若二科、又國語漢文之生徒、不課外國語之全部、課外國語之生徒、不課國語漢文之全部云。

本科第二學部之科目、倫理、教育學、心理學、哲學、地理、歷史、法制、經濟、英語、生物學、體操、但隨意科目、加國語、漢文、獨語、音樂之一科若數科。

本科第三學部之科目、倫理、教育學、心理學、數學、物理學、化學、哲學、英語、圖畫、手工、體操、但隨意科目、加獨語、生物學、音樂之一科若數科。

本科第四學部之科目、倫理、教育學、心理學、植物學、動物學、生理學、鑛物學、地學、農學、哲學、英語、圖畫、體操、但隨意科目、加化學、獨語、音樂之一科若數科。

研究科之科目、倫理學、教育學、教育制度、行政法、社會學、哲學、美

學、實驗心理學、學校衛生、專科教育、兒童研究、教育演習、於研究科擇修五科目以上、卒業令呈出論文、但教育演習不得缺之、

丙　女子高等師範學校

修業年限四年、

女子高等師範學校之學科、分文科、理科、技藝科、

文科之科目、倫理、教育學、國語、漢文、外國語、歷史、地理、家事、體操、

前項科目之外、習字、圖畫、音樂、爲隨意科、

理科之科目、倫理、教育學、國語、外國語、地學、數學、物理、化學、博物、家事、圖畫、體操、

前項科目之外、習字、音樂、爲隨意科、

技藝科之科目、倫理、教育、學、國語、外國語、家事、習字、圖畫、體操、

前項科目之外、音樂、爲隨意科、

第三　專門教育

甲　高等學校（高等學校令及高等學校大學豫科學科規程參照）

高等學校、大學豫科、學科分爲第一部、第二部及第三部、

第一部之學科、有志法科大學及文科大學者、第二部之學科、志工科大學、理科大學、理工科大學及農科大學者、第三部之學科志醫科大學者習之、

第一部之學科、倫理、國論及漢文、外國語、歷史、論理及心理、法學通論、體操、

外國語、英語、獨語及佛語之中、選用二種、

第二部之學科、倫理、國語、外國語、數學、物理、化學、地質及鑛物、圖畫、體操、

第三部之學科、倫理、國語、外國語、拉丁語、數學、物理、化學、動物及

植物、體操。

各部各學科之每週授業時數如左。

第一部

學科目＼學年	倫理	國語及漢文	英語	獨語	佛語	歷史	論理及心理	法學通論	經濟通論	體操	計
第一年		六	（九）	（九）	（九）	三				三	三〇
第二年		五	（九）	（九）	（九）	三	二			三	三一
第三年	一	四	（八）	（八）	（八）	三		二	〔二〕	三	二九 三一

十四

備考　表中( )號選擇科目之時數。〔 〕號僅志文科大學者所課時數。

第二部

學科目＼學年	第一年	第二年	第三年
倫理			一
國語	三		
英語	八	七	四
獨語或佛語	八	七	四
數學	五	四	六
物理		三	三
化學		三	五（講義三 實驗二）
地質及鑛物			二
圖畫	四	四	二
體操	三	三	三
計	三一	三一	三〇

第三部

學科目 ＼ 學年	第一年	第二年	第三年
倫理			一
國語	三		
獨語	一三	一三	一〇
英語或佛語	三	三	三
拉丁語			二
數學	三	二	
物理		三	六（講義三 實驗三）
化學		三	六（講義三 實驗三）
動物及植物	四	三（實驗）	
體操	三	三	三
計	二九	三〇	三一

乙 帝國大學（帝國大學令、講座種類及其數參照）

法科大學

第一　本學設左方之二學科。
第一　法律學科
第二　政治學科
第二　法律學科授業科目如左。
憲法。民法。商法。民事訴訟法。破產法。刑法。刑事訴訟法。行政法。
國際公法。國際私法。法制史。比較法制史。羅馬法。英吉利法。佛
蘭西法。獨逸法。法理學。經濟學。
第三　政治學科授業科目如左。
憲法。經濟學。經濟學史。經濟史。財政學。統計學。國法學。政治學。
政治史。行政法。國際公法。國際私法。法制史。比較法制史。法理
學。民法。商法。刑法總論。
醫科大學

本學設左方之二學科.

第一　醫學科

第二　藥學科

醫學科之課程爲四週年.學生之階級亦分爲四.

藥學科之課程爲三週年.學生之階級亦分爲三.

醫學科

第一年

解剖學	第一期	每週十二時
	第二、三期	每週六時
解剖學實習	第二期	每週十二時
組織學	第一期 第二期	每週二時
組織學實習	第三期	每週七時
生理學	一年間	每週六時

病理總論	第三期	每週五時
病理解剖學實習	時々	
第二年		
解剖學實習	第一期	每週十二時
(胎生學)	第二期 第三期	每週二時
局處解剖學	第一期 第二期	每週二時
藥物學	一年間	每週三時
藥物學實習	第三期	每週(六時)
醫化學實習	第二期 第三期	每週(六時)
處方學	第二期	每週二時
病理總論	第一期	每週二時
病理解剖學	第一期	每週四時
	第二期	每週六時

病理解剖學實習	第一、第二期	時々
病理組織學實習	第二、第三期	每週四時
診斷學	第二、第三期	每週二時
外科總論	一年間	每週二時
婦人科學	第三期	每週六時
眼科學	第三期	每週二時
內科各論	一年間	每週三時
外科各論	第一、二期 第三期	每週二時 每週三時

第三年

局所解剖學	第一、第二期	每週二時
內科各論	一年間	每週三時
內科臨床講義	一年間	每週四時

內科外來患者臨床講義	一年間	每週六時
外科各論	第一、二期 第三期	每週二時 每週三時
外科臨床講義	一年間	每週六時
外科外來患者臨床講義	一年間	每週六時
繃帶學實習	第三期	每週（四時）
產科學	第一期	每週五時
產科模型演習	第二期	每週六時
眼科學	第一期 第三期	每週一時 每週二時
衛生學	第二期 第三期	每週二時
法醫學	第二期 第三期	每週二時

第四年

內科臨床講義	一年間	每週四時

內科外來患者臨床講義	一年間	每週六時
外科臨床講義	一年間	每週六時
外科外來患者臨床講義	一年間	每週四時
外科手術實習	第三期	每週三時
產科婦人科臨床講義	一年間	每週一時
產科婦人科外來患者臨床講義	一年間	每週（六時）
眼科學	第一期	每週一時
眼科臨床講義	一年間	每週一時
眼科外來患者臨床講義	第二期、第三期	每週六時
檢眼鏡實習	第一期	每週（六時）
皮膚病學徵毒學及皮膚病徵毒臨床講義	一年間	每週二時
精神病學及精神病臨床講義	一年間	每週二時

衛生學	第一期	每週二時
黴菌學實習	第三期	每週四時
法醫學	第一期	每週二時
小兒科臨床講義	一年間	每週一時
小兒科外來患者臨床講義	一年間	每週（六時）

備考

時間中加（ ）號之學科。一級中分數組。使聽講適宜之學科也。

學科中加（ ）號者。雖聽講而不舉行學年試驗者。

藥學科

第一年

製藥化學	一年間	每週三時
藥用植物學	一年間	每週二時

植物解剖學	第一期	每週二時
	第二期	每週一時
分析術實習	第一期	每週卅五時
製藥化學實習	第二期 第三期	每週卅時
植物學實習並顯微鏡用法	第二期 第三期	每週五時

第二年

生藥學	一年間	每週四時
裁判化學	第一期	每週三時
	第二期	每週二時
衛生化學	第二期	每週二時
	第三期	每週四時
植物分析法實習	第一期	每週十二時
生藥學實習	第一期	每週五時
	第二、三期	每週卅四時
製藥化學實習	第一期	每週十八時

第三年

有機體攻究法	第一期 第二期	每週二時
調劑學	第一期	每週二時
裁判化學實習	第一期	每週二十時
衛生化學實習	第二期	每週二十時
調劑學實習	第一期 第二期	每週十八時 每週二十時
藥局方使用法實習	第三期	每週四十二時
卒業論文		

工科大學

本學設左方之九學科。修業之期限各三年。

第一　土木工學科

第二　機械工學科

第三　造船學科

第四　造兵學科
第五　電氣工學科
第六　建築學科
第七　應用化學科
第八　火藥學科
第九　採鑛及冶金學科

土木工學科

第一年

數學	第一期	每週三時
	第二期	
應用力學	第一期	每週三時
	第二、三期	每週四時
熱機關	一年間	每週一時
機械製造法	一年間	每週一時半

建築材料	第一期	每週三時
製造冶金學	第一期 第二期	每週三時 每週二時
地質學	第二期 第三期	每週一時
石工學	第一、二期 第三期	每週二時 每週三時
橋梁	第三期	每週四時半
道路	第二期 第三期	每週二時 每週一時
測量	第一期 第二期	每週二時
計畫製圖及實習	第一、二期 第三期	每週十八時 每週二十時

第二年

河海工學	第一期 第二期 第三期	每週三時 每週四時 每週五時
鐵道	一年間	每週三時
橋梁	第一期 第二期	每週三時半

衛生工學	第一期	每週四時半
	第二、三期	每週三時
水力學	第二期	每週一時
	第三期	每週二時
工藝經濟學	一年間	每週一時
計畫及製圖	第一、二期	每週二十一時
	第三期	每週二十二時
實地演習		

第三年

河海工學	第一期	每週二時
市街鐵道	第一期	每週三時
水力機	第一期 第二期	每週一時
地震學	第一期	每週二時
	第二期	每週三時
土木行政法	第一期	每週三時
家屋構造	第一期 第二期	每週二時

測地學　第一期、第二期　每週二時

電氣工學大意　第一期、第二期　每週二時

計畫及製圖　第一期　每週二十時　第二期　每週二十七時

實地演習

卒業計畫　第三期

機械工學科

第一年

數學　第一期、第二期　每週三時

力學　一年間　每週一時

應用力學　第一期　每週三時　第二期　每週二時　第三期　每週一時

熱機關　一年間　每週二時

機械學　一年間　每週一時

水力學　第二期　每週一時　第三期　每週二時

機械製造法　一年間　每週一時半

造船學大意　△一年間　每週一時半

應用力學製圖及演習　一年間　每週二時

計畫製圖及實驗　○第一、二期　每週二十三時　第三期　每週二十六時

△第一期　每週二十二時　第二期　每週十四時　第三期　每週十七時

造船計畫及製圖　△第二期　第三期　每週八時

第二年

蒸氣及熱力學　一年間　每週二時

機械幾何學及機械力學　一年間　每週一時

船用機關　第一期　每週一時　第二、三期　每週二時　△第二、三期　每週一時半

紡織　○第二期　第三期、每週一時

機關車	第二期、第三期 ○	每週一時
造船學大意	第二期、第三期 △	每週二時
水力機	第一、二期	每週一時
	第二、三期 ○	每週一時
電氣工學大意	第一期、第二期	每週二時
製造冶金學	第一期	每週三時
	第二、三期	每週二時
火兵及火藥	第三期	每週二時
家屋構造	第一期、第二期 ○	每週二時
工藝經濟學	一年間	每週一時
計畫製圖及實驗	○ 第一期	每週二十三時
	○ 第二、三期	每週二十時
	△ 第一期	每週二十五時
	△ 第二期	每週二十二時
	△ 第三期	每週二十時
電氣工學實驗	第三期	每週三時
實地演習		

三十

第三年

特別講義　第三期　每週一時

實地演習　第一期、第二期

卒業計畫及論文　第三期

時間之上加△印者。專修舶用機關學之機械工學科學生。加○印者。其他之機械工學科學生所課也。

造船學科

第一年

數學　第一期、第二期　每週三時

力學　一年間　每週一時

應用力學　第一期　每週三時
　　　　　第二期　每週二時
　　　　　第三期　每週一時

熱機關　一年間　每週二時

三十二

機械學	一年間	每週一時
機械製造法	一年間	每週一時半
製造冶金學	第一期	每週三時
	第二期	每週二時
水力學	第二期	每週一時
	第三期	每週二時
造船學	一年間	每週五時
應用力學製圖及演習	一年間	每週二時
計畫及製圖	第一、二期	每週八時
	第三期	每週十三時
舶用機關計畫及製圖	一年間	每週八時

第二年

造船學	一年間	每週十時
蒸氣	第一期、第二期	每週一時
舶用機關	第一期	每週一時
	第二、三期	每週二時半

水力機	第一期 第二期	每週一時
火兵及火藥	第三期	每週二時
電氣工學大意	第一期 第二期	每週二時
工藝經濟學	一年間	每週一時
計畫及製圖	第一期 第二期 第三期	每週二十時 每週十九時 每週二十一時
實地演習		

第三年

造船學	第二期 第三期	每週四時半 每週三時
計畫及製圖	第二期	每週三十時
實地演習	第一期	
卒業計畫及論文	第三期	

造兵學科

第一年

數學	第一期 第二期	每週三時
力學	一年間	每週一時
應用力學	第一期	每週三時
	第二期	每週二時
	第三期	每週一時
熱機關	一年間	每週二時
機械學	一年間	每週一時
火藥學	一年間	每週二時
小銃及火砲	一年間	每週二時
水力學	第二期	每週一時
	第三期	每週二時
機械製造法	一年間	每週一時半
冶金學	一年間	每週二時
應用力學製圖及演習	一年間	每週二時

化學實驗	一年間	每週六時
機械製圖	第一、二期	每週十一時
	第三期	每週十四時

第二年

砲外彈道學	第一期 第二期	每週二時
火藥學	一年間	每週二時
彈丸	第三期	每週二時
砲架及車輛	一年間	每週二時
水雷	第三期	每週二時
蒸氣	第一期 第二期	每週一時
電氣工學大意	第一期 第二期	每週二時
造船學大意	一年間	每週一時半
鐵冶金學	一年間	每週三時

水力機	第一期 第二期	每週一時
化學實驗	一年間	每週八時
計畫及製圖	第一、二期 第三期	每週十四時 每週十六時
實地演習		

第三年

水雷	第二期	每週二時
製造冶金學	第二期 第三期	每週二時
特別講義	第二期	每週二時
射擊表編設	第二期	每週二時
計畫及製圖	第二期	每週二十七時
實地演習	第一期	
卒業計畫及論文	第三期	

電氣工學科

第一年

數學	第一期、第二期	每週三時
力學	一年間	每週一時
應用力學	第一期	每週三時
	第二期	每週二時
	第三期	每週一時
熱機關	一年間	每週二時
水力學	第二期	每週一時
	第三期	每週二時
機械學	一年間	每週一時
電氣及磁氣	一年間	每週三時
電氣及磁氣測定法	第三期	每週二時
機械製圖	第一期、第二期	每週七時
化學實驗	第一期、第二期	每週六時

電氣及磁氣實驗	第一、二期 第三期	每週十時 每週二十五時

第二年

電信及電話	一年間	每週二時
電燈及電力	一年間	每週三時
發電機及電動機	一年間	每週三時
電氣及磁氣測定法	第一期 第二期	每週二時
電氣化學	第二期 第三期	每週二時
蒸氣	第一期 第二期	每週一時
水力機	第二期 第三期	每週一時
製造冶金學	第一期	每週三時
工藝經濟學	一年間	每週一時
計畫及製圖	第一、二期 第三期	每週七時 每週十時

電氣工學實驗　一年間　每週十五時

實地演習

第三年

特別講義　第三期　每週一時

實地演習　第一期、第二期

卒業論文　第三期

建築學科

第一年

數學　第一期、第二期　每週三時

熱機關　一年間　每週一時

應用力學　第一期　每週三時　第二期　每週二時　第三期　每週一時

測量　第一期　每週二時

地質學	第二期、第三期	每週一時
應用規矩	第二期、第三期	每週一時半
建築材料	第一期	每週三時
家屋構造	第一、二期	每週二時
	第三期	每週三時
建築意匠	第三期	每週一時
建築歷史	第一期	每週二時
	第二、三期	每週三時
日本建築	第一、二期	每週一時
	第三期	每週二時半
配景法	第一期	每週一時
自在畫	一年間	每週三時
應用力學製圖及演習	一年間	每週二時
測量實習	第一期	每週四時
製圖及配景圖	第一期	每週九時

計畫及製圖	第二期 第三期	每週十七時

第二年

衛生工學	第一期 第二期 第三期	每週二時 每週三時半 每週一時半
裝飾法	第一期	每週一時半
日本建築	一年間	每週一時半
水力學	第二期 第三期	每週一時 每週二時
建築意匠	第一期 第二期 第三期	每週三時 每週二時 每週一時半
施工法	第二期 第三期	每週二時 每週一時半
建築條例	第二期 第三期	每週一時半
製造冶金學	第一期 第二、三期	每週三時 每週二時
美學	一年間	每週二時
自在畫	一年間	每週三時

裝飾畫	一年間	每週四時
計畫及製圖	第一期	每週十七時
	第二期	每週十四時
	第三期	每週十六時
實地演習		

第三年

地震學	第一期	每週二時
	第二期	每週三時
裝飾畫	第一期	每週六時
	第二期	每週四時
自在畫	第一期	每週三時
	第二期	
計畫及製圖	第一期	每週二十五時
	第二期	
實地演習		
卒業計畫	第三期	

應用化學科

第一年

無機化學	第一期、第二期	每週三時
有機化學	第一期、第二期	每週三時
化學史	第三期	每週三時
製造化學	第二期	每週二時
	第三期	每週五時
冶金學	一年間	每週二時
鑛物學	第一期	每週三時
熱機關	一年間	每週一時
機械學	一年間	每週一時
水力學	第二期	每週一時
	第三期	每週二時
應用力學	一年間	每週一時
家屋構造	第一期、第二期	每週二時
化學分析實驗	第一期	每週二十一時
	第二期	每週二十時
	第三期	每週十三時

鑛物識別	第二期 第三期	每週一時
計畫及製圖	第三期	每週八時
第二年		
製造化學	一年間	每週九時
電氣化學	第二期 第三期	每週二時
冶金學	第一期 第二期	每週四時
電氣工學大意	第一期 第二期	每週二時
火藥學大意	一年間	每週一時
化學分析實驗	第一期	每週二十一時
工業分析實驗	第二期	每週十九時
製造化學實驗	第三期	每週十七時
計畫及製圖	第三期	每週八時

實地演習

第三年

製造化學	第一期、第二期	每週九時
製造冶金學	第一期	每週三時
	第二期	每週二時
試金術	第一期	每週二時
製造化學實驗	第一期	每週十三時
試金實習	第一期	每週四時
計畫及製圖	第一期	每週六時
實地演習		
研究及卒業論文	第二期、第三期	

火藥學科

第一年

數學	第一期 第二期	每週三時
力學	一年間	每週一時
應用力學	一年間	每週一時
機械學	一年間	每週一時
熱機關	一年間	每週一時
火藥學	一年間	每週二時
小銃及火砲	一年間	每週二時
無機化學	第一期 第二期	每週三時
有機化學	第一期 第二期	每週三時
製造化學	第二期 第三期	每週二時 每週五時
水力學	第二期 第三期	每週一時 每週二時
化學分析實驗	第一期 第二期 第三期	每週二十時 每週十七時 每週十四時

機械製圖	第三期	每週八時

第二年

火藥學	一年間	每週二時
砲外彈道學	第一期、第二期	每週二時
彈丸	第三期	每週二時
砲架及車輛	一年間	每週二時
水雷	第三期	每週二時
製造化學	一年間	每週三時
電氣工學大意	第一期、第二期	每週二時
製造冶金學	第一期	每週三時
	第二、三期	每週二時
家屋構造	第一期、第二期	每週二時
化學分析實驗	第一期	每週十六時

工業分析實驗	第二期	每週十七時
製造化學實驗	第三期	每週十七時
計畫及製圖	第一、二期	每週五時
	第三期	每週七時
實地演習		

第三年

水雷	第二期	每週二時
特別講義	第二期	每週四時
製造化學實驗	第二期	每週十八時
計畫及製圖	第二期	每週八時
實地演習	第一期	
卒業計畫及論文	第三期	

採鑛及冶金學科

第一年

鑛物學	第一期	每週三時
地質學	第二期 第三期	每週二時
採鑛學	一年間	每週四時
冶金學	一年間	每週二時
測量	第一期	每週二時
鑛山測量	第二期 第三期	每週二時
家屋構造	第一期 第二期	每週二時
熱機關	一年間	每週一時
機械學	一年間	每週一時
應用力學	一年間	每週一時
鑛物及巖石識別	第二期 第三期	每週二時

化學分析實驗	一年間	每週九時
測量實習	一年間	每週四時
鑛山測量實習		
計畫及製圖	第一期 第二期 第三期	每週八時 每週七時 每週八時

第二年

冶金學	一年間	每週四時
鐵冶金學	一年間	每週三時
採鑛學	一年間	每週二時
撰鑛學	一年間	每週二時
水力學	第二期 第三期	每週一時 每週二時
機械製造法	一年間	每週一時半
電氣工學大意	第一期 第二期	每週二時

試金術　第一期、第二期　每週二時

試金實習　一年間　每週四時

吹管分析　第一、二期　每週二時；第三期　每週三時

鑛物及巖石識別　第一期　每週二時

化學分析實驗　第一、二期　每週十三時；第三期　每週十五時

實地演習

第三年

鑛床學　第二期、第三期　每週三時

製造冶金學　第二期、第三期　每週二時

鑛山法律　第二期、第三期　每週二時

冶金實驗　第二期　每週六時

工學實驗　第二期　每週三時

採鑛計畫	第二期	每週六時
	第三期	每週九時
冶金計畫	第二期	每週六時
	第三期	每週九時
鐵冶金計畫	第二期	每週六時
	第三期	每週九時
實地演習	第一期	
卒業論文	第一期	
	第二期	

文科大學

本學設左方之九學科．修業年限各三年．

第一　哲學科

第二　國文學科

第三　漢學科

第四　國史科

第五　史學科

第六　言語學科
第七　英文學科
第八　獨逸文學科
第九　佛蘭西文學科

哲學科

第一年

哲學概論　第一期　每週四時
西洋哲學史　第二、三期　每週五時
論理學及認識論　一年間　每週三時
社會學　一年間　每週三時
東洋哲學(佛教哲學)　一年間　每週二時
英語*　一年間　每週三時

佛蘭西語*	一年間	每週三時
獨逸語*	一年間	每週三時

*印之三課目，選二課習之。

第二年

西洋哲學史	一年間	每週三時
東洋哲學史	一年間	每週二時
東洋哲學(支那哲學)	一年間	每週一時
論理學及認識論	一年間	每週三時
心理學	一年間	每週三時
心理學實驗	一年間	每週一回
倫理學	一年間	每週三時
英語*	一年間	每週三時

佛蘭西語*	一年間	每週三時
獨逸語*	一年間	每週三時

*印之三課目選二課目習之

第三年

哲學	一年間	每週二時
東洋哲學史	一年間	每週二時
東洋哲學(支那哲學)	一年間	每週二時
哲學演習	一年間	每週三時
美學	一年間	每週二時
教育學	一年間	每週二時
英語*	一年間	每週三時
佛蘭西語*	一年間	每週三時

獨逸語* 一年間 每週三時

*印之三課目、選二課目習之、

隨意科目

第一年

倫理學、心理學（槪論）、漢文學、生理學、動物學、地質學、拉丁語、希臘語、梵語、

第二年

東洋哲學（佛教哲學）、宗教學、社會學、人類學、精神病學、梵語、拉丁語、希臘語、

第三年

倫理學、心理學、社會學、經濟學、國際公法、法理學、梵語、希臘語、

國文學科

第一年

國語學	一年間	每週三時
國文學	一年間	每週三時
漢文學	一年間	每週三時
哲學概論	第一期	每週四時
西洋哲學史	第二、三期	每週五時
聲音學	一年間	每週一時
英語*	一年間	每週三時
佛蘭西語*	一年間	每週三時
獨逸語*	一年間	每週三時

*印之三課目中選二課目習之。

第二年

國語學	一年間	每週二時
國文學	一年間	每週二時
國文學史	一年間	每週二時
漢文學	一年間	每週三時
言語學	一年間	每週二時
國史	一年間	每週三時
東洋哲學(支那哲學)	一年間	每週二時
英語*	一年間	每週三時
佛蘭西語*	一年間	每週三時
獨逸語*	一年間	每週三時

*印之三課目中.選二課目習之.

第三年

國語學	一年間　每週二時
國文學	一年間　每週二時
國文學史	一年間　每週二時
漢文學	一年間　每週三時
美學	一年間　每週二時
美術史	一年間　每週二時
東洋哲學（佛教哲學）	一年間　每週二時
國史	一年間　每週三時
教育學	一年間　每週二時
英語＊	一年間　每週三時
佛蘭西語＊	一年間　每週三時
獨逸語＊	一年間　每週三時

五十九

*印之三課目中、選一課目習之。

隨意科目

第一年

國史、支那史、史學、法制史、心理學、拉丁語、希臘語、梵語。

第二年

支那史、史學、法制史、西洋文學史(近世)、社會學、宗教學、拉丁語、希臘語、梵語、支那語、東洋哲學(佛教哲學)、論理學及認識論。

第三年

西洋文學史(古代)、梵語、支那語、朝鮮語、伊太利語、露西亞語、倭奴語、倫理學、論理學及認識論。

漢學科

第一年

科目	期間	（經）	（史）	（文）
哲學概論	（第一期）一年間每週	四時	二時	四時
西洋哲學史	第二、三期每週	五時	—	五時
東洋哲學史（支那哲學）	一年間每週	六時	—	三時
史學研究法	一年間每週	—	二時	—
支那史	一年間每週	—	六時	—
支那法制史	一年間每週	—	三時	—
年代學	一年間每週	—	一時	—
支那語	一年間每週	二時	二時	二時
漢文學	一年間每週	二時	—	五時
聲音學	一年間每週	—	—	一時
英語*	一年間每週	三時	三時	三時
佛蘭西語*	一年間每週	三時	三時	三時

獨逸語*	一年間	每週三時	三時	三時	

*印之三課目中，選二課目習之。

經者，經學之專修者，史者，史學之專修者，文者，文學之專修者，以下仿此。

第二年

東洋哲學史	一年間	每週	二時(經)	二時(史)	二時(文)
東洋哲學(支那哲學)	一年間	每週	六時	二時	四時
支那史	一年間	每週	—	六時	—
支那法制史	一年間	每週	—	二時	—
史學	一年間	每週	—	三時	—
支那語	一年間	每週	—	—	二時
漢文學	一年間	每週	二時	二時	五時

心理學	一年間每週	三時（經）	一（史）	三時（文）
論理學及認識論	一年間每週	三時	一	一
英語*	一年間每週	三時	三時	三時
佛蘭西語*	一年間每週	三時	三時	三時
獨逸語*	一年間每週	三時	三時	三時

*印ノ三課目中選二課目習之

第三年

東洋哲學史	一年間每週	二時（經）	二時（史）	二時（文）
東洋哲學（支那哲學）	一年間每週	六時	二時	二時
東洋哲學（佛教哲學）	一年間每週	二時	二時	一
支那史	一年間每週	二時	六時	二時
支那法制史	一年間每週	一	二時	一

科目	期間	(經)	(史)	(文)
支那語	一年間每週	｜	｜	二時
漢文學	一年間每週	｜	｜	五時
倫理學	一年間每週	三時	｜	｜
美學	一年間每週	｜	｜	二時
美術史	一年間每週	｜	｜	二時
教育學	一年間每週	二時	二時	二時
英語*	一年間每週	三時	三時	三時
佛蘭西語	一年間每週	三時	三時	三時
獨逸語*	一年間每週	三時	三時	三時

*印之三課目中．經學及史學之專修者選二課目。文學之專修者選一課目習之．

隨意科目

第一年

國史．法制史．支那史．支那法制史．國文學．史學．地理學．心理學．論理學及認識論．東洋哲學（支那哲學）．

第二年

西洋哲學史．比較法制史．人類學．東洋哲學（佛教哲學）．倫理學．論理學及認識論．宗教學．社會學．國史．支那史．國文學．支那語．

第三年

國史．哲學．史學．社會學．心理學．宗教學．國文學．言語學．西洋文學史．支那語．朝鮮語．梵語．露西亞語．

國史科

第一年

國史及地理　一年間　每週六時

六十五

法制史	第二、三期	每週二時
支那史及支那法制史	一年間	每週三時
史學研究法	一年間	每週二時
年代學	一年間	每週一時
古文書學	一年間	每週二時
哲學概論	一年間	每週二時
英語*	一年間	每週三時
佛蘭西語*	一年間	每週三時
獨逸語*	一年間	每週三時

*印之三課目中選二課目習之

第二年

國史及地理	一年間	每週六時

法制史	一年間	每週三時
支那史及支那法制史	一年間	每週三時
史學	一年間	每週三時
古文書學	一年間	每週一時
英語*	一年間	每週三時
佛蘭西語*	一年間	每週三時
獨逸語*	一年間	每週三時

*印之三課目中。選二課目習之。

第三年

國史	一年間	每週六時
法制史	一年間	每週三時
支那史及支那法制史	一年間	每週二時

史學　一年間　每週二時
教育學　一年間　每週二時
英語*　一年間　每週三時
佛蘭西語*　一年間　每週三時
獨逸語*　一年間　每週三時

*印之三課目中選二課目習之

隨意科目

第一年

國文學・漢文學・地理學・言語學・比較法制史・

第二年

國文學・漢文學・人類學・社會學・東洋哲學・宗教學・

第三年

美學・美術史・東洋哲學・經濟學・財政學・法理學・伊太利語・和蘭語・支那語・朝鮮語・倭奴語・

史學科

第一年

史學及地理學	一年間	每週七時
國史	一年間	每週三時
支那史及支那法制史	一年間	每週三時
古文書學	一年間	每週二時
年代學	一年間	每週一時
哲學概論	一年間	每週二時
英語*	一年間	每週三時
佛蘭西語*	一年間	每週三時

獨逸語*　一年間　每週三時

*印之三課目中。選二課目習之。

第二年

史學及地理　一年間　每週七時

國史　一年間　每週三時

支那史及支那法制史　一年間　每週三時

古文書學　一年間　每週一時

英語*　一年間　每週三時

佛蘭西語*　一年間　每週三時

獨逸語*　一年間　每週三時

*印之三課目中。選二課目習之。

第三年

史學及地理學	一年間	每週七時
國史	一年間	每週二時
支那史及支那法制史	一年間	每週二時
教育學	一年間	每週二時
英語*	一年間	每週三時
佛蘭西語*	一年間	每週三時
獨逸語*	一年間	每週三時

*印之三課目中選二課目習之。

隨意科目

三年間

國文學・漢文學・言語學・社會學・人類學・宗教學・經濟學・財政學・國際公法・法理學・美學・東洋哲學・法制史・比較法制史・美術史・

伊太利語・和蘭語・露西亞語・朝鮮語・支那語・拉丁語・希臘語・梵語・

言語學科

第一年

言語學	一年間	每週二時
國語學	一年間	每週二時
拉丁語	一年間	每週三時
希臘語	一年間	每週二時
獨逸語	一年間	每週三時
佛蘭西語學	一年間	每週三時
人類學	一年間	每週三時
哲學概論	一年間	每週二時

第二年

言語學	一年間	每週一時
聲音學	一年間	每週一時
肉門司語及邱多尼克語比較文法	一年間	每週二時
國語學	一年間	每週二時
支那語	一年間	每週三時
羅甸語	一年間	每週三時
獨逸語	一年間	每週三時
梵語	一年間	每週二時

第三年

印度歐羅巴語比較文法	一年間	每週二時
言語學演習	一年間	每週二時

支那語　一年間　每週三時
朝鮮語　一年間　每週三時
羅甸語　一年間　每週三時
梵語　一年間　每週二時
教育學　一年間　每週二時

隨意科目(三年間)

論理學及認識論・心理學・史學・國史・支那史・社會學・東洋哲學・宗教學・國語學・英語・佛蘭西語・伊太利語・獨逸語・和蘭語・希臘語・露西亞語・倭奴語・馬來語・滿州語・國文學史・漢文學・西洋文學史・

英文學科

第一年

哲學概論	第一期	每週四時
西洋哲學史	第二、三期	每週五時
英語	一年間	每週九時
羅甸語	一年間	每週三時
獨逸語	一年間	每週三時
史學*	一年間	每週三時
佛蘭西語*	一年間	每週三時

*印之二課目中選一課目習之

第二年

東洋哲學史	一年間	每週二時
聲音學	一年間	每週一時
閃門司語及邱多尼克語比較文法	一年間	每週二時

英語	一年間　每週九時
拉丁語	一年間　每週三時
獨逸語	一年間　每週三時
佛蘭西語	一年間　每週三時

第三年

英語	一年間　每週九時
美學	一年間　每週二時
美術史	一年間　每週二時
國文學*	一年間　每週三時
漢文學*	一年間　每週三時
羅甸語	一年間　每週三時
西洋文學史(近世)	一年間　每週二時

教育學　一年間　每週二時

*印二者之中選一課目習之。

隨意科目（三年間）

史學・國史・支那史・論理學及認識論・心理學・社會學・人類學・言語學・印度歐羅巴語比較文法・國語學・希臘語・梵語・獨逸語・佛蘭西語・伊太利語・和蘭語・露西亞語・國文學・漢文學・西洋文學史（古代）

獨逸文學科

第一年

哲學概論	第一期	每週四時
西洋哲學史	第二、三期	每週五時
獨逸語	一年間	每週九時

拉丁語　一年間　每週三時
英語　一年間　每週三時
史學*　一年間　每週三時
佛蘭西語*　一年間　每週三時
*印二者之中、選一課目習之。
第二年
東洋哲學史　一年間　每週二時
聲音學　一年間　每週一時
肉門司語及邸多尼克語比較文法　一年間　每週二時
獨逸語　一年間　每週九時
羅甸語　一年間　每週三時
英語　一年間　每週三時

佛蘭西語　一年間　每週三時

第三年

獨逸語	一年間	每週九時
美學	一年間	每週二時
美術史	一年間	每週二時
國文學*	一年間	每週三時
漢文學*	一年間	每週三時
羅甸語	一年間	每週三時
西洋文學史(近世)	一年間	每週二時
教育學	一年間	每週二時

*印二者之中選一課目習之。

隨意科目(三年間)

史學・國史・支那史・論理學及認識論・心理學・社會學・人類學・言語學・印度歐羅巴語比較文法・國語學・希臘語・梵語・英語・佛蘭西語・伊太利語・和蘭語・露西亞語・國文學・漢文學・西洋文學史(古代)・

佛蘭西文學科

第一年

哲學概論	第一期	每週四時
西洋哲學史	第二、三期	每週五時
佛蘭西語	一年間	每週九時
羅甸語	一年間	每週三時
史學*	一年間	每週三時
英語	一年間	每週三時

獨逸語＊	一年間	每週三時

＊印二者之中選一課目習之。

第二年

東洋哲學史	一年間	每週二時
聲音學	一年間	每週一時
肉門司語及邸多尼克語比較文法	一年間	每週二時
佛蘭西語	一年間	每週九時
拉丁語	一年間	每週三時
英語	一年間	每週三時
獨逸語	一年間	每週三時

第三年

佛蘭西語	一年間	每週九時

美學	一年間	每週二時
美術史	一年間	每週二時
國文學*	一年間	每週三時
漢文學*	一年間	每週三時
拉丁語	一年間	每週三時
西洋文學史（近世）	一年間	每週二時
教育學	一年間	每週二時

*印二者之中、選一課目課之。

隨意科目（三年間）

史學、國史、支那史、論理學及認識論、心理學、社會學、人類學、言語學、印度歐羅巴語比較文法、國語學、希臘語、梵語、英語、獨逸語、伊太利語、和蘭語、露西亞語、國文學、漢文學、西洋哲學史（古代。

理科大學

本學設左方之八學科。修業期限各三年。

第一　數學科

第二　星學科

第三　理論物理學科

第四　實驗物理學科

第五　化學科

第六　動物學科

第七　植物學科

第八　地質學科

數學科

第一年

微分積分	第一期	每週六時
	第二、三期	每週五時
幾何學	第一期	每週四時
	第二、三期	每週二時
代數學初步	第三期	每週二時
星學及最小二乘法	一年間	每週三時
理論物理學初步	第二、三期	每週四時
理論物理學演習	第二、三期	每週一回
數學演習	一年間	每週二回午後

第二年

函數論	一年間	每週三時
幾何學	一年間	每週二時
部分微分方程式論	第一、二期	每週二時

代數學及整數論	第二、三期	每週四時
力學	一年間	每週三時
球函數(隨意)	第一期	每週二時
Potential.(隨意)	第二期	每週二時
物理學實驗	一年間	每週二回午後

第三年

函數論	一年間	每週三時
幾何學	一年間	每週二時
代數學及整數論	第二、三期	每週四時
力學	一年間	每週三時
高等數學雜論(隨意)	第二、三期	每週二時
數學研究(隨意)	一年間	每週一回

星學科

第一年

微分積分	第一期 第二、三期	每週六時 每週五時
幾何學	第一期	每週四時
數學演習	一年間	每週二回
理論物理學初步	第二、三期	每週四時
理論物理學演習	第二、三期	每週一回
星學及最小二乘法	一年間	每週三時
物理學實驗	一年間	每週三回

第二年

球面星學	一年間	每週一時
實地星學	一年間	每週二時

星學實驗		
力學	一年間	每週三時
部分微分方程式論	第一、二期	每週二時
函數論	一年間	每週三時
光學	第一、二期 第一、三期	每週二時 每週三時
球函數論(隨意)	第一期	每週二時
Potential(隨意)	第二期	每週二時
應用力學(隨意)	第二、三期	每週一時
物理學實驗	一年間	每週三回

第三年

力學	一年間	每週三時
天體力學	一年間	每週三時

天體物理學	一年間	每週一時
星學實驗		
函數論（隨意）		

理論物理學科

第一年

微分積分	一年間	每週五時
演習	一年間	每週二回
幾何學	第一期 第二、三期	每週四時 每週二時
力學	第二、三期	每週四時
演習	一年間	每週一回
天文學	一年間	每週三時
物理學實驗	一年間	每週三回

第二年

物理學	一年間	每週五時
力學	一年間	每週三時
微分方程式論 楕圓函數論	一年間	每週三時
Potential論	一年間	每週一時
球函數	一年間	每週一時
物理學實驗	一年間	每週三回
數理結晶學	一年間	每週一時
物理化學	一年間	每週三時

第三年

物理學	一年間	每週五時

力學	一年間	每週三時
函數論	一年間	每週三時
氣體論	第一期	每週二時
毛管作用論	第一期	每週一時
音論	第二、三期	每週一時
電磁光學論	第三期	每週二時
理論物理學演習	一年間	每週二回

實驗物理學科

第一年

微分積分	一年間	每週五時
演習	一年間	每週二回
幾何學	第一期	每週四時
	第二、三期	每週二時隨意

力學	第二、三期	每週四時
演習	一年間	每週一回
天文學	一年間	每週三時
物理學實驗	一年間	每週三回

第二年

物理學	一年間	每週五時
力學	第一期	每週三時
應用力學	第二、三期	每週三時
物理實驗法最小二乘法	第二、三期	每週二時
物理化學	一年間	每週三時
化學實驗	一年間	每週三回
球函數(隨意)	一年間	每週一時

第三年

物理學	一年間	每週五時
應用電氣學	一年間	每週三時
物理學實驗	一年間	每週四回
星學實驗	一年間	每週一回
物理星學	一年間	每週一時
地震學及測地學(隨意)	一年間	每週一時

化學科

第一年

無機化學	一年間	每週三時
分析化學	第二、三期	每週三時
化學實驗		

微分積分(隨意)	第一期 第二期	每週六時 每週五時
數學演習(隨意)	第一期 第二期	每週一同午後
第二年		
物理學	一年間	每週三時
物理學實驗	一年間	每週二回午後
無機化學	一年間	每週三時
有機化學	第一、二期 第三期	每週三時 每週五時
應用化學	一年間	每週二時
化學實驗		
第三年		
理論及物理化學	一年間	每週三時
應用化學	一年間	每週二時

化學平衡論　第三期　每週二時

化學實驗

動植物學科

第一年

普通動物學　一年間　每週三時

骨骼學　第二期 第三期　每週一時

動物學實驗　一年間　每週十時

普通植物學　一年間　每週三時

植物識別及解剖實驗　一年間　每週十時

地質學　一年間　每週三時

生理化學及實驗　第一期　每週三時

鑛物及岩石實驗　第二期 第三期　每週二時

第二年

特別問題（隨意）	時々	每週二時
植物分類學	一年間	每週四時
植物解剖及生理實驗	一年間	每週十時
有脊動物比較解剖	一年間	每週三時
組織學及發生學實驗	一年間	每週十二時
生理學	一年間	每週三時
古生物學	一年間	每週二時
臨海實驗		

動物學科

第三年

特別問題	時々	每週二時

實地研究　第一期　每週二時
寄生動物學　第一期　每週二時
Bacteria.學實驗　第二期　每週二回午後
人類學　一年間　每週二時

植物學科

第三年

植物生理學　第一期　每週二時
植物學實驗　一年間　每週二十時以上
Bacteria.學實驗　第二期　每週二回午後

地質學科

第一年

地質學　一年間　每週三時

鑛物學　一年間　每週二時

岩石學　一年間　每週二時

普通動物學　一年間　每週三時

骨骼學　第二期 第三期　每週一時

動物學實驗　一年間　每週四時

化學實驗　一年間　每週二回午後

岩石學實驗　一年間　每週二回午後

鑛物學實驗　一年間　每週二時

地質巡驗

第二年

古生物學　一年間　每週二時

古生物學實驗　一年間　每週三時

晶像學　一年間　每週二時
晶像學實驗　一年間　每週二回、午後
植物學　一年間　每週四時
植物學實驗　一年間　每週三時
物理學（隨意）　一年間　每週三時
地質學實驗
地質巡驗

第三年

地質學叢談　時々
地質學及鑛物學研究
鑛床學　第二期 第三期　每週三時
地震學（隨意）　第一期　每週二時

人類學(隨意)　一年間　每週二時

以上諸學科之外，理科大學，特爲分科大學學生及工科大學土木工學科及建築學科學生等，開地震學之講義，爲文科大學史學科及言語學科學生等，開人類學之講義。

地震學　第一期　每週二時

人類學大意　一年間　每週二時

農科大學

本學設左方四學科，修業年限各三年。

第一　農學科

第二　農藝化學科

第三　林學科

第四　獸醫學科

農學科

第一年

科目	期間	時數
地質學	第一期、第二期	每週三時
土壤學	第三期	每週三時
氣象學	第二期、第三期	每週二時
植物生理學	第一期	每週五時
	第二期	每週四時
	第三期	每週二時
植物病理學	一年間	每週三時
動物生理學	一年間	每週三時
昆蟲學	一年間	每週三時
肥料	一年間	每週二時
農藝物理學	一年間	每週二時
經濟學	一年間	每週二時

百

植物學實驗	一年間	
動物學實驗	一年間	
農藝化學實驗	一年間	每週二回半日
農場實習	一年間	

第二年

作物	一年間	每週五時
土地改良論	第一期 第二期	每週二時
園藝學	第一、二期	每週四時
	第三期	每週三時
畜產學	一年間	每週三時
家畜飼養論	第一期 第二期	每週三時
酪農論	第三期	每週三時
養蠶論	一年間	每週二時

法學通論	一年間	每週二時
農業經濟	第三期	每週三時
植物學實驗	第一期 第二期	
動物學實驗	第一期 第二期	
農學實驗	一年間	

第三年

作物	第一期	每週三時
農產製造學	一年間	每週三時
農業經濟	第一期	每週二時
	第二期	每週三時
獸醫學大意	第一期 第二期	每週三時
林學大意(隨意)	第一期 第二期	每週三時
養魚論(隨意)	第一期	每週四時

農政學	一年間	每週三時
財政學	一年間	每週二時
昆蟲生理（隨意）	第一期 第二期	每週二時
農學實驗	一年間	
卒業論文	第三期	

農藝化學科

第一年

有機化學	一年間	每週二時
分析化學	第一期 第二期	每週二時
地質學	第一期 第二期	每週三時
土壤學	第三期	每週三時
氣象學	第二期 第三期	每週二時

植物生理學　第一期 每週五時
　　　　　　第二期 每週四時
　　　　　　第三期 每週二時

動物生理學　一年間 每週三時

肥料　一年間 每週二時

農藝物理學　一年間 每週二時

經濟學（隨意）　一年間 每週二時

農藝化學實驗　一年間

第二年

作物　一年間 每週五時

土地改良論　第一期 第二期 每週二時

生理化學　第一期 第二期 每週三時

醱酵化學　第三期 每週四時

家畜飼養論　第一期 第二期 每週三時

酪農論	第三期	每週三時
養蠶論（隨意）	一年間	每週二時
農業經濟	第三期	每週三時
農藝化學實驗	一年間	
第三年		
化學原論	一年間	每週二時
作物	第一期	每週三時
農產製造學	一年間	每週三時
食物及嗜好品	第三期	每週三時
農業經濟	第一期 第二期	每週二時 每週三時
農政學（隨意）	一年間	每週二時
農藝化學實驗	一年間	

卒業論文　　第三期

林學科

第一年

森林數學	一年間	每週二時
地質學及土壤學	一年間	每週三時
氣象學	第二期、第三期	每週二時
森林物理學	一年間	每週二時
最小二乘法及力學	第一期、第二期	每週二時
森林植物學	一年間	每週二時
植物生理學	一年間	每週二時
森林動物學	一年間	每週三時
林學通論	一年間	每週二時

森林測量	一年間	每週二時
造林學	第三期	每週二時
經濟學	一年間	每週二時
植物學實驗	一年間	
動物學實驗	一年間	
森林測量實習	一年間	
造林學實習	第三期	
實地演習		

第二年

森林數學	第一期	每週二時
樹病學	第一期	每週三時
森林化學	一年間	每週二時

百七

森林利用學	一年間	每週二時
森林道路	第一期 第二期	每週二時
造林學	一年間	每週二時
森林保護學	第一期 第二期	每週二時
森林經理學	第二期 第三期	每週二時
森林管理	第一期 第二期	每週二時
法學通論	一年間	每週二時
森林法律學	第三期	每週三時
林政學	第三期	每週三時
財政學	一年間	每週二時
森林理水及砂防工	一年間	每週三時
林學通論	一年間	每週一時

森林化學實驗	第一期、第二期	
造林學實習	第三期	
森林道路實習	第三期	

第三年

森林利用學	第一期、第二期	每週三時
造林學	第一期、第二期	每週三時
森林經理學	第一期、第二期	每週二時
森林法律學	第一期、第二期	每週三時
林政學	第一期、第二期	每週三時
養魚論(隨意)	第一期、第二期	每週二時
農學大意(隨意)	第一期、第二期	每週二時
狩獵術(隨意)	第一期、第二期	每週二時

實地演習　第三期

卒業論文

獸醫學科

第一年

解剖學	第一期 第二、三期	每週七時 每週六時
生理學	一年間	每週六時
組織學	一年間	每週三時
病理通論	第二期 第三期	每週三時
外科手術學	第二期 第三期	每週三時
蹄鐵法	一年間	每週二時
解剖學實習	第一期 第二期	每週十二時
組織學實習	第三期	每週十時

蹄鐵法實習	第三期	每週四時

第二年

解剖學	第一期 第二期	每週四時 每週五時
生理學	第一期 第二期	每週二時
家畜飼養論	第一期 第二期	每週三時
酪農論	第三期	每週三時
病理通論	第一期	每週三時
藥物學	一年間	每週三時
外科學	一年間	每週四時
內科學	一年間	每週四時
病體解剖學	第三期	每週三時
寄生動物學	第三期	每週二時

蹄病論	第二第三期	每週二時
乳肉檢查法	第三期	每週二時
調劑法實習	第三期	每週六時
解剖學實習	第一第二期	每週十二時
外科手術實習	第一第二期	每週三時
蹄鐵法實習	第一第二期	每週四時
家畜病院實習及內外科診斷法	第三期	每週十二時

第三年

畜產學	一年間	每週三時
病體解剖學	第一期	每週三時
寄生動物學	第一期	每週三時
皮膚病論	第一第二期	每週一時

馬學	一年間	每週三時
動物疫論	第一期 第二、三期	每週二時 每週三時
產科學	第一期 第二期	每週三時
眼科學	第一期 第二期	每週一時
衛生學	第一期 第二期 第三期	每週三時 每週四時 每週二時
胎生學	第一期 第二期	每週二時
獸醫警察法	第三期	每週三時
法醫學	第三期	每週三時
黴菌學	第二期 第三期	每週二時 每週三時
病體解剖學實習	第一期 第二期	臨時
病體組織學及黴菌學實習	第二期 第三期	每週三時
乳肉檢查法實習	第一期	每週四時

家畜病院實習及內外科診斷法　一年間　每週十二時

丙　醫學專門學校

本校置醫學科及藥學科。

醫學科之修業年限爲四學年。藥學科爲三學年。

醫學科藥學科之各學科課程及授業時數如左表。但在左表中。醫學科。以倫理學。獨逸語。物理學。化學。體操。藥學科以倫理學。獨逸語。鑛物學。物理學。體操。爲副科。

醫學科學科課程表

學科　程度　學期　學年	第一學年 一學期	第一學年 二學期	第一學年 三學期	第二學年 一學期	第二學年 二學期	第二學年 三學期	第三學年 一學期	第三學年 二學期	第三學年 三學期	第四學年 一學期	第四學年 二學期	第四學年 三學期
理論	八	八	八									
實習				五	五	二						
局所解剖學				四								

解剖學	組織學理論	二	二	二									
	組織學實習並顯微鏡用法				三	三	三						
	胎生學					一	二						
生理學	理論及實驗			七	七	七							
病理學	理論				五	二							
	病理解剖學					二	五						
	病理解剖學實習										時々	時々	時々
	病理組織學實習							二	四				
藥物學	理論及實驗處方學					二	六						
	調劑實習							二					
內科學	理論							三	三	三	三	三	三
	臨牀實習							七	七	七	八	八	八
	精神病學											二	二
	兒科學									三			
	診斷學				二	二	二						
外科學	總論				三	三	三						
	各論							三	三	三	三	三	三
	臨牀實習							七	七	七	八	八	八
	皮膚病及花柳病學							二	二				
	繃帶實習						二						
	手術實習									二			
眼科學	理論並撿眼鏡用法							四	四	二			
	臨牀實習									四	二	二	二

産科學婦人科學 産科學理論										三	三	二
婦人科學理論							二	二	二			
産科婦人科臨牀實習並産科模型演習										三	三	三
衛生學 理論及實習										二	二	二
細菌學理論					二	二						
細菌學實習							二	二				
法醫學 理論										三	一	
倫理學	一	一	一									
獨逸語	一〇	一〇	四	四	四	四	四	四	四	四	四	四
物理學	三	三										
化學	五	五	五									
體操	三	三	三									
計	三二	三二	三〇	三三	三三	三二	三八	三八	三七	三九	三九	三七

備考 此表由明治三十四年九月入學者施行•但同年同月現在第二學年以上之生徒•至其卒業•舊規程•斟酌本表之課程課之•

藥學科學科課程表

學科	程度	第一學年 一學期	第一學年 二學期	第一學年 三學期	第二學年 一學期	第二學年 二學期	第二學年 三學期	第三學年 一學期	第三學年 二學期	第三學年 三學期
化學	理論及實驗	六	六	九						
藥用植物學	理論	二	二	六						
	實習及檢微鏡用法		二	五	三					
分析學	理論		三	三	三	三				
	實習				九	九	九			
衛生化學	理論						四			
	實習						二	六	六	六
	細菌學理論及實習							一	一	一
裁判化學	理論							二	一	
	實習							二	四	四
生藥學	理論				六	三				
	實習				二	四				
藥局方	日本藥局方外國藥局方要領						三			
調劑學	理論					三				
	實習					二	三	三	四	

製藥化學理論	製藥化學實習	藥品鑑定實習	倫理學	獨逸語	鑛物學	物理學	體操	計
			一	一〇	三	三	三	二八
			一	一〇		三	三	三〇
			一	四			三	三一
五				四				三二
五				四				三三
五		三		四				三三
	一二	三		六				三五
	一二	三		六				三七
	一二	九		六				三八

丁　外國語學校

凡英語·佛語·獨語·露語·伊語·西語·淸語·韓語·八學科·

各語學科課目及每週授業時數表

科目	(英)(佛)(獨)語學科			(露)(伊)(西)語學科			(淸)(韓)語學科		
	第一年	第二年	第三年	第一年	第二年	第三年	第一年	第二年	第三年

正科語學	副科語學 英語	副科語學 佛語	副科語學 獨語	國語	漢文	經濟學	國際法	教育學	言語學	體操	計
一八	(四)	(四)	(四)	(二)						三	二七
一八	(四)	(四)	(四)	(一)	(一)	(三)	(三)	(二)	(二)	三	二八
一八	(四)	(四)	(四)	(一)	(一)	(三)	(三)	(二)	(二)	三	二八
一八	(四)	(四)	(四)	(二)	(二)					三	二七
一八	(四)	(四)	(四)	(一)	(一)	(三)	(三)	(二)	(二)	三	二八
一八	(四)	(四)	(四)	(一)	(一)	(三)	(三)	(二)	(二)	三	二八
一八	四			三						三	二八
一八	四			二		(二)	(二)	(一)	(一)	三	二九
一八	四			二		(二)	(二)	(一)	(一)	三	二九

注意

一、正科語學第二年若第三年並各該國之歷史、地理及文學大要、教授之爲要。

二、表中加()印者得隨意選修。

戊 音樂學校

本校之學科、大別爲豫科、本科、研究科、師範科及選科、豫科之修業年限一學年、本科之修業年限三學年、研究科之修業年限二學年、

豫科之學科目、倫理、唱歌、Piano.、樂典、寫譜、國語、英語、體操、方舞、課外置漢文、

本科、分聲樂部、器樂部、樂歌部、其學科細目如左、

聲樂部 倫理、獨唱歌、諸重音唱歌、Piano. 又 Organ.、和聲學、樂典、音樂史、音響學、樂式一班、審美學、歌文、外國語、體操、方舞、

器樂部 倫理、器樂、諸重音唱歌、和聲學、樂典、音樂史、音響學、樂式一班、審美學、歌文、外國語、體操、方舞、

樂歌部　倫理•歌文•支那詩文•西洋詩文•歷史•諸重音唱歌•Piano. 又 Organ. •和聲學•樂典•樂式一班•音樂史•音響學•審美學•外國語•體操•方舞•

隨意科課敎育學及敎授法•課外學科置生理學•心理學•樂器構造法及調律法•

豫科之學科課程如左•

豫科學科課程

學科目	時間數
倫理	一
唱歌	八
Piano.	第一學期 六 第二、三學期 三
樂典	一
寫譜	第二、三學期 一
國語	四

英語	四
體操 ×方舞	二
課外漢文	二
計 第一學期	二六
計 第二、三學期	二四
練習 第一、二學期	八
練習 第三學期	一〇

有×印之科目。僅課女生徒者。

本科之學科課程如左。

本科學科課程

部名	聲樂部時間數			器樂部 Piano, Organ. 專門 時間數			他樂器專門 時間數			樂歌部時間數		
學科目＼學年	第一年	第二年	第三年	第一年	第二年	第三年	第一年	第二年	第三年	第一年	第二年	三年
倫理	一	一	一	一	一	一	一	一	一	一	一	一
聲樂 獨唱歌	三 練習四	二 仝上四	三 仝上四									
聲樂 諸重音唱歌	五	五	五	五乃至三	三	三	五乃至三	三	三	三	三	三

器樂 Piano. 又Organ.	器樂 Violin. 等等	和聲學	樂典	歌文	支那詩文	西洋詩文	歷史	樂式一班	音樂史	音響學	審美學	英語若獨、佛語	體操 ×方 舞	課外學科 生理學	課外學科 心理學	課外學科 樂器構造法	課外學科 調律法
二 練習六			一	三					二	二		三	二	一	一	一	一
二 仝上七		二		三					二			三	二	一	一	一	一
二 仝上五		二		三				二			二	三	二	一	一	一	一
三 仝上一四			一	三					二	二		三	二	一	一	一	一
三 仝上一五		二		三					二			三	二	一	一	一	一
三 仝上一三		二		三				二			二	三	二	一	一	一	一
三 仝上四	三 練習八		一	三					二	二		三	二	一	一	一	一
	三 仝上一五	二		三					二			三	二	一	一	一	一
	三 仝上一三	二		三				二			二	三	二	一	一	一	一
二 練習七			一	七			二		二	二		五	二	一	一	一	一
二 仝上八		二		七	二	三	二		二				二	一	一	一	一
二 仝上六		二		七	二	三	二	二			二		二	一	一	一	一

百二十三

計	二四 練習一〇	二三 仝上一一	二五 仝上九	二〇 仝上一四	一九 仝上一五	二一 仝上一三	二二 仝上一二	一九 仝上一五	二一 仝上一三	二七 仝上七	二六 仝上八	二八 仝上六

有×印之科目。僅課女生徒。

隨意科。教育學及教授法二時間。實地授業若干時間。

研究科爲專攻聲樂。器樂。作歌及作曲者設之。其學科課程如左。

研究科學科課程

部名	聲樂時間數		器樂時間數				作歌時間數		作曲時間數	
			Piano.Organ專門		他樂器專門					
學科目 ＼ 學年	第一年	第二年	第一年	第二年	第一年	第二年	第一年	第二年	第一年	第二年
聲樂　獨唱歌	二 若三									
聲樂　諸重音唱歌練習	二									
器樂　Piano. 又Organ.			三				二		二	
器樂　Violin. Viola.					三					
器樂　其他					一					

唱歌指揮法	三				
作曲	一	二	二	一	四
聽音	三	三	三		三
管絃樂指揮法		二	二		二
合奏練習		二	二		二
作歌				四	
西洋詩文				二	
歌文				四	
計	一二 練習二二	一二 仝上二二	一三 仝上二一	一三 仝上二一	一三 仝上二一

己　美術學校

本校置繪畫。圖按。彫刻。建築。美術工藝諸科。養成各科專門技術家及普通圖畫教員。但建築科暫缺之。各科之修業年限四年。入學之初。別一年間。履修豫備之課程。豫備課程及各科課程如左。

豫備課程

甲種（繪畫科、圖按科、漆工科、）

繪畫	每週二十八時
歷史	每週五時
美術史	每週二時
外國語	每週二時
體操	每週二時

乙種（彫刻科、彫金科、鍛金科、鑄金科、）

彫塑	每週十八時
繪畫	每週十時
歷史	每週五時
美術史	每週二時
外國語	每週二時

百二十六

體操	每週二時

繪畫科（日本畫科、西洋畫科中一科、）

第一年

實習	每週三十三時
歷史及考古學	每週二時
美術及美術史	每週二時
美術解剖（僅西洋畫科、於實習時間內課之）	每週一時
遠近法（仝上）	每週一時
體操	每週二時

第二年

實習	每週三十五時
歷史及考古學	每週二時

美術解剖（僅西洋畫科于實習時間內課之）　每週一時
遠近法（仝上）　每週一時
體操　每週二時
第三年
實習　每週三十八時
歷史及考古學　每週一時
美術解剖（僅日本畫科于實習時間內課之）　每週一時
遠近法（仝上）　每週一時
第四年
實習　每週三十九時
用器畫法（欲爲敎員者于實習時間內課之）　每週六時
敎育學（仝上）　每週二時

圖按科

第一年

實習	每週十六時
繪畫	每週十二時
歷史及考古學	每週二時
美學及美術史	每週二時
圖按法	每週二時
建築裝飾史	每週三時
體操	每週二時

第二年

實習	每週十四時
繪畫	每週十二時

歷史及考古學	每週二時
建築裝飾術	每週三時
物品製作大意	每週三時
用器畫法	每週三時
體操	每週二時
第三年	
實習	每週二十六時
繪畫	每週十二時
歷史及考古學	每週一時
第四年	
實習及卒業製作	每週三十九時
用器畫法（欲爲教員者于實習時間內課之）	每週六時

教育學（仝上）　每週二時

彫刻科

第一年

塑造　每週二十四時

實材製作（木彫、牙彫、石彫、鑄金擇其一學之）

繪畫　每週八時

歷史及考古學　每週二時

美學及美術史　每週二時

美術解剖　每週一時

體操　每週二時

第二年

塑造　每週三十四時

百三十一

實材製作　每週二時
歷史及考古學　每週一時
美術解剖　每週二時
體操

第三年

塑造
實材製作　每週三十八時
歷史及考古學　每週一時

第四年

塑造
實材製作
卒業製作　每週三十九時

百三十二

美術工藝科

彫金科

第一年

實習	每週二十時
繪畫及圖按	每週九時
歷史及考古學	每週二時
美學及美術史	每週二時
圖按法	每週二時
美術解剖	每週一時
金工史	每週一時
體操	每週二時

第二年

實習　每週二十四時
繪畫及圖按　每週九時
歷史及考古學　每週二時
應用化學　每週二時
體操　每週二時

第三年

實習　每週二十八時
繪畫及圖按　每週九時
歷史及考古學　每週一時
應用化學　每週一時

第四年

實習及卒業製作　每週三十九時

鍛金科

第一年

實習	每週二十時
繪畫及圖按	每週九時
歷史及考古學	每週二時
美學及美術史	每週二時
圖按法	每週二時
美術解剖	每週一時
金工史	每週一時
體操	每週二時

第二年

實習	每週二十四時

百三十五

繪畫及圖按　每週九時
歷史及考古學　每週二時
應用化學　每週二時
體操　每週二時

第三年

實習　每週二十八時
繪畫及圖按　每週九時
歷史及考古學　每週一時
應用化學　每週一時

第四年

實習及卒業製作　每週三十九時

鑄金科

第一年

實習	每週二十時
繪畫及圖按	每週九時
歷史及考古學	每週二時
美學及美術史	每週二時
圖按法	每週二時
美術解剖	每週一時
金工史	每週一時
體操	每週二時

第二年

實習	每週二十四時
繪畫及圖按	每週九時

歷史及考古學　每週二時

應用化學　每週二時

體操　每週二時

第三年

實習　每週二十八時

繪畫及圖按　每週九時

歷史及考古學　每週一時

應用化學　每週一時

第四年

實習及卒業製作　每週三十九時

漆工科

第一年

實習	每週二十一時
繪畫及圖按	每週九時
歷史及考古學	每週二時
美學及美術史	每週二時
圖按法	每週二時
漆工史	每週一時
體操	每週二時

第二年

實習	每週二十四時
繪畫及圖按	每週九時
歷史及考古學	每週二時
應用化學	每週二時

體操　每週二時

第三年

實習　每週二十八時

繪畫及圖按　每週九時

歷史及考古學　每週一時

應用化學　每週一時

第四年

實習及卒業製作　每週三十九時

第四　實業教育(實業學校令參照)

甲　實業學校教員養成所

農業教員養成所之修業年限一年。

商業教員養成所之修業年限二年。

工業教員養成所之修業年限三年。
農業教員養成所之學科目。倫理。農業汎論。農藝化學。耕種。畜產。農業經濟。教育學。教授法。體操。
商業教員養成所之學科目。倫理。商業作文。商業算術。商業地理。商業歷史。簿記。商品經濟學。商業學。商法。商業實踐。英語。教育學。教授法。體操。
工業教員養成所。置本科及速成科。本科分金工科。木工科。染織科。窯業科。應用化學科。工業圖案科。速成科分金工科。木工科。染色科。機織科。陶器科。漆工科。但各學科之科目。在本科者揭之于左。在速成科者別定之。
金工科木工科之科目。倫理。數學。物理學。圖畫。無機化學。應用重學。工場用具及製作法。工業經濟。工業衞生。英語。教育學。教授法。

體操。實習之外。在金工科。電氣工學大意。發動機。機械製圖。木工科。構造用材料。家具及建築流派。家屋構造。衞生建築。製圖及意匠。

染色科。窰業科。應用化學科科目。倫理。數學。物理學。化學。圖畫。一般應用化學。應用機械學。定性分析。定量分析。工業分析。機械製圖。工業經濟。工業衞生。英語。教育學。教授法。體操。實習之外。染織科。染色及配色。機織及意匠。窰業科。窯業品製造。應用化學科。特別應用化學。電鑄及電鍍。

工業圖案科科目。倫理。數學。物理學。化學。圖畫。圖案材料。機械製圖。工業經濟。工業衞生。英語。教育學。教授法。體操。實習。

實業教員養成所生徒。師範學校卒業者。得不課教育學。

乙　工業學校（工業學校規程參照）

工業學校。修業年限三年。但得一年以內之延長。

工業學校之學科目。修身。讀書。作文。數學。物理。化學。圖畫。體操。並關實業各學科及實習。但本項科目外。地理。歷史。博物。外國語。經濟。法規。簿記及其他科目。得便宜加設。

實業各學科科目。由左方所載各事項選擇。或便宜分合定之。

一土木科。測量。應用力學。河海工。道路。鐵道。橋梁。施工法。製圖等。

一金工科。應用力學。工場用具及製作法。製造用諸機械大意。發動機大意。製圖等。

一造船科。應用力學。工場用具及製作法。發動機大意。造船製圖等。

一電氣科。應用力學。工場用具及製作法。發動機大意。電氣及磁氣。電氣工學。製圖等。

一木工科．應用力學．家屋構造．工場用及製作法．建築沿革．施工法．配景法．製圖及繪畫等．

一鑛業科．地質．採鑛．冶金．試金．應用力學．發動機大意．測量．製圖及抗內演習等．

一染織科．機織法．色染法．應用化學．應用機械學．分析．製圖及繪畫等．

一窰業科．窰業品製造．應用化學．應用機械學．分析．製圖及繪畫等．

一漆工科．漆器製造法．工藝史．繪畫．應用化學大意等．

一圖案繪畫科．配景法．解剖大意．工藝史．建築沿革大意．繪畫．應用化學大意．各種工藝品圖案等．

前項之外爲特種工業．得設便宜學科．

工業學校入學者之資格。年齡十四年以上。修業年限四年高等小學校卒業。或有同等以上之學力者。但外國語加于試驗科目之中。

工業學校。得附設豫科。

豫科之修業年限。二年以內。

豫科學科目。修身。讀書。習字。作文。算術。地理。歷史。理科。圖畫。體操。但得加外國語。

豫科入學之資格。于年齡十二年以上。學力高等小學二學年修了以上者定之。

丙 徒弟學校。(徒弟學校規程參照)

徒弟學校入學者之資格。年齡十二年以上。及尋常小學校卒業以上定之。

百四十六

徒弟學校之教科目、修身、算術、幾何、物理、化學、圖畫及關職業諸教科目並實習。

徒弟學校之修業年限、六月以上、四年以下。

丁　農業學校(農業學校規程參照)

農業學校爲甲乙二種。

甲種農業學校修業年限三年、但得一年以內之延長。

甲種農業學校之學科目、修身、讀書、作文、數學、物理、化學、博物、經濟、體操並實業科目及實習、但本項科目之外、地理、歷史、外國語、法規、簿記、圖畫及其他科目、得便宜加設。

關實業之科目、土壤、肥料、作物、園藝、農產製造、畜產、養翟、病蟲害、氣候、林學大意、獸醫學大意、水產學大意等選擇習之、得又便宜分合定之。

甲種農業學校入學者之資格。年齡十四年以上。修業年限四年高等小學校卒業及有同等以上之學力者。但外國語于試驗科目加之。

乙種農業學校之修業年限三年以內。

乙種農業學校之學科目。修身。讀書。習字。作文。算術。理科。體操竝實業科目及實習。但本項科目之外。地理。歷史。經濟。圖畫及其他科目得便宜加設。又依土地之情況。有縮短期日之要者。修身及實業科目之外。得缺一科若數科。

關實業科目。土壤。肥料。作物。農產製造。家畜。養蠶。病。蟲害。氣候等撰擇習之。或便宜分合定之。

乙種農業學校入學者之資格。于年齡十二年以上。修業年限四年尋常小學校卒業者定之。

甲種農業學校。得附設豫科。
豫科之修業年限爲二年以內。
豫科之授業時數。每週三十時以內。
豫科之學科目。修身。讀書。習字。作文。算術。地理。歷史。理科。圖畫。體操。但得加外國語。
豫科入學者之資格于年齡十二年以上。高等小學校第二學年修了以上者定之。
蠶業學校。山林學校。獸醫學校之學科目如左。
甲種學校修身。讀書。作文。數學。物理。化學。博物。經濟。體操竝實業科目及實習。但本項科目外地理。歷史。外國語。法規。簿記。圖畫及其他科目便宜加設。獸醫學校數學。物理。博物。經濟得缺之。
乙種學校修身。讀書。習字。作文。算術。理科竝實業科目及實習。但本項科目之外。地理。歷史。經濟。圖畫。體操及其他科目便宜加設。

又依土地之情況。須短縮期限者。修身及實業科目之外。一科若數科缺之。

甲乙兩種學校各學科實業科目。由左揭事項中選擇。或便宜分合定之。

一蠶業學校。蠶體解剖生理及病理。養蠶及製種。製絲。桑樹栽培。氣候。農學大意等。

一山林學校。造林及森林保護。森林利用。森林測量及土木。測樹術及林價算法。森林經理。氣候。農學大意等。

一獸醫學校。解剖及組織。生理。藥物及調劑法。蹄鐵法及締病論。內科。外科。寄生動物。畜產。衛生。獸疫。產科。剖檢法等。

戊　水產學校(水產學校規程參照)

水產學校、本科修業年限三年、但依土地之情況、二年至五年以內得伸縮之。

水產學校本科學科目修身、國語、數學、地理、物理、化學、博物、圖畫、法規及慣習、經濟、體操、並實業學科科目及實習、但修身實業學科目及實習外、本項之學科目、得便宜闕之。

前項學科目之外歷史、外國語、簿記、唱歌及其他學科目、得便宜加設。

實業各學科之科目、由左揭事項選擇、或便宜分合定之。

一撈魚科、水產學大意、撈魚論、水產動物、水產植物、航海術、運用術、氣象及海洋學、船舶衛生及救急療法等。

一製造科、水產學大意、製造論、水產動物、水產植物、細菌學大意、分析、機械學大意等。

一養殖科。水產學大意。養殖論。水產動物。水產植物。發生學大意等。撈魚。製造。養殖之三學科。併授二學科以上之科目。由前項學科目選擇。又便宜分合定之。

水產學校入學本科者資格。年齡十四年以上。修業年限四年高等小學校卒業。及有同等以上之學力者。

水產學校得置豫科。

豫科修業年限二年以內。

豫科敎授時數每週三十時以內。

豫科學科目。修身。國語。算術。地理。歷史。理科。圖畫。體操。但得加外國語。唱歌。

豫科入學者之資格。于年齡十二年以上。學力高等小學校第二學年修了以上者定之。

己　商業學校（商業學校規程參照）

商業學校爲甲乙二種。

甲種商業學校修業年限三年。但得一年以内之延長。

甲種商業學校之學科目。修身。讀書。習字。作文。數學。地理。歷史。外國語。經濟。法規。簿記。商品。商事要項。商業實踐。體操。但本項科目之外。他之科目得便宜加設。

甲種商業學校入學者之資格。年齡十四年以上。學力修業年限四年高等小學校卒業及有同等以上之學力者。但外國語于試驗科目加之。

乙種商業學校之修業年限三年以内。

乙種商業學校學科目。修身。讀書。習字。作文。算術。地理。簿記。商事要項。體操。但本項科目之外。他科目便宜加設。

乙種商業學校入學者之資格。于年齡十年以上。修業年限四年尋常小學校卒業者定之。
甲種商業學校得附設豫科。
豫科修業年限。爲二年以內。
豫科學科目修身。讀書。習字。作文。算術。地理。歷史。外國語。理科。圖畫。體操。但本科加設理科及圖畫者缺之。
豫科入學者之資格。于年齡十二年以上學力高等小學校第二學年修了以上者定之。

庚　商船學校（商船學校規程參照）

商船學校分甲乙二種。
甲種商船學校修業年限爲三年以內。
甲種商船學校學科目修身。讀書。作文。數學。物理。地理。外國語。圖畫、體操、並實業各學科科目及實習、但本項科目外化學、法規及其他科目、得便宜加設。

實業各學科科目、由左揭事項選擇、或便宜分合定之。

一航海科、運用術、航海術、機關術大意、海上氣象學大意、造船學大意等。

一機關科、機關術、機關製圖、力學、應用力學、電氣學大意等。

甲種商船學校入學者之資格、年齡十四年以上、修業年限四年高等小學校卒業、或有同等以上之學力者、但外國語于試驗科目加之。

乙種商船學校之修業年限二年以內。

乙種商船學校之學科目、修身、讀書、習字、作文、數學、體操並實業各學科之科目及實習、但本項科目外、他科目得便宜加設。

實業各學科科目。由左揭事項選擇。或便宜分合定之。
一航海科。運用術大意。航海術大意。海上氣象學大意等。
一機關科。機關術大意。機械製圖。物理。化學等。
乙種商船學校入學者之資格。于年齡十年以上。學力修業年限
四年尋常小學校卒業以上者定之。
甲種商船學校得附設豫科。
豫科修業年限二年以內。
豫科授業時數每週三十時以內。
豫科學科目。修身。讀書。習字。作文。算術。地理。歷史。理科。外國語。圖
畫。體操。
豫科入學者之資格。于年齡十二年以上。學力高等小學校第二
學年修了以上者定之。

辛　實業補習學校(實業補習學校規程參照)

實業補習學校入學者學力程度。于尋常小學校卒業以上者定之。

實業補習學校教科目修身。讀書。習字。算術及實業科目。但修身附帶讀書。

實業補習學校實業教科目。由左揭事項撰擇。或便宜分合定之。

一工業地方。圖畫。摸型。幾何。物理。化學。重學。工藝意匠。手工類。

二商業地方。商業書信。商業算術。商品。商業地理。簿記。商業習慣及法令大畧。商業經濟。外國語之類。

三農業地方。農業大意或耕耘。害蟲。肥料。土壤。排水。灌漑。農具。樹藝。家畜。養蠶。森林。農業帳簿。丈量之類。

前項之外水產。機織。刺繡。其他或職業便宜之科目定之。

實業補習學校修業年限三年以內。

實業補習學校。雖日曜日或夜間。得便宜設教授時間。

壬　東京高等工業學校

本校教科。染織科。窰業科。應用化學科。機械科。電氣科。工業圖案科六科。各教科專門科目之外。倫理。數學。物理學。化學。一般應用化學。應用機械學。（一般應用化學、應用機械學之二科目不課于機械科、電氣機械分科、工業圖案科等）圖畫。機械製圖。理化學實驗。（機械製圖、理化學實驗之二科目不課于工業圖案科）工業法規。（當分缺之）工業經濟。工業衛生。工業簿記。工場建築。英語。躰操。諸學科各教科生徒通其輕重難易與學力程度。于三學年間配置長短時間。

共通學科學科課程

科目	第一年	第二年	第三年
倫理	隔週一	隔週一	隔週一

數學	第一、代數、幾何、	五	第一、微積分大意（機電機）	四		
	第二、代數、幾何、三角法（色、窰、應、電化、圖）	五				
	第二、代數、幾何、三角法、解析幾何（織機、電機）	五				
	第三、三角法、（色、窰、應、電化、圖）	二				
	第三、三角法、解析幾何（織機、電機）	五				
物理學	普通物理	三	應用物理	二		
化學	第一無機（色、織、窰、應、電化、）	五			色素（色）	二
	第一無機（機、電機、圖、）	四				
	第二無機、有機、（色、織、窰、應、電化）	五				
	第二無機、（機、電機、圖）	二				
	第三有機、（色、織、窰、應、電化）	三				
鑛物學	第二（窰、應、電化、）	二				
一般應用化學			第一、燃料、築窰、（色窰、應、電化、）	二		
			第二、石炭瓦斯、硫酸（同　）	二		
			第三、Alkari（同　）	二		
應用機械學			第一、力學材料强弱、（織）	三	第一力學、材料强弱（色窰應、電化、）	三
			第二、機構、水力學、（同）	三	第二、機構、水力學、（同　）	三
			第三、發動機大意、（同）	三	第三、發動機大意（同　）	三
圖畫	自在畫 第一（色、織、窰、）	六	第一（色、窰）	二	第一、二（色、織、窰、）	三
	自在畫 第一（應、機、電化）	二	第一（織）	四		
	自在畫 第二（色、織、窰、）	五	第二、三（色、窰）	二		
	自在畫 第二（應、機、電化）	二	第二、三（織）	四		
	自在畫 第三（色、織、窰）	三				
	自在畫 第三（應、機、電化、）	二				
	用器畫 第一（色、織、窰、應、電化）	六				
	用器畫 第一（機、電機、）	八				
	用器畫 第二、三（色織、窰、應、機電機、電化、）	六				

染織科色染分科學科課程

科目	第一年	時數	第二年	時數	第三年	時數
機械製圖 機械製圖法	機械製圖法（色、織、窯、應、電化）	三				
機械製圖 機械部分設計	機械部分設計（機、電機）	五				
理化學實驗 物理實驗	第三（色、織、窯、應、機、電機、電化、）	三	第一、二（色、織、窯、應、電化、）	三		
理化學實驗 化學定性分析	第三、（色）	一三				
	（織）	一〇				
	（窯、電化）	一一				
	（應）	一四				
理化學實驗 化學定量			第一、二（色）	八		
			（窯、應）	一七		
			（電化）	一三		
工業法規（一時缺之）						
工業經濟						一
工業衛生						一
工業簿記					第一、二普通、工業簿記	一
					第三、同上 工場事務	一
工場建築						一
英語		三		三		
體操	兵式	二	兵式	二	兵式 消防演習	二

色染		第一、纖維精練漂白媒染劑 二 第二、浸染、 二 第三、浸染、捺染、 二	第一、二、浸染、捺染、 二
機械及組織	第一、二 織物組織 一	織物組織、機織用機械 二	
織物整理			第一、二 一
工場實修及實驗	機織 第一機織練習織物解剖 七 機織 第二同上 八 色染	第三、綜絖編實驗、織物、解剖組織新案、 二〇 第一、二 木綿、麻精練漂白、浸染 九	第一 毛及絹精練漂白浸染 一八 第二 捺染、靛建 一八 第三 染色諸種實驗 二七

染織科機織分科學科課程

科目	第一年	第二年	第三年
應用力學		第二機構其他 四	
機織及組織	第一、二 織物組織 一	織物組織機織用機械 二	第一、二織物製造法、力織機 四 第三、織物製造法 二
色染		第一、纖維精練、漂白、媒染劑 二 第二、三 浸染 二	第一、二 一
織物整理			第一、二 二
紡績			
工場實修及實驗	機織 第一機織練習、織物解剖 七 機織 第二同上 八 染色	第三、(綜絖編實驗、織物解剖、組織新案) 一七 染色 第一精練、漂白、浸染 一四 染色 第二浸染捺染 一〇	第一、二 Jacquard.機織實修、仝製圖、織物解剖、力織機、撚絲實修 一九 第三、仝上 三〇

窯業科學科課程

科目	第一年		第二年		第三年	
應用地質學	第三	二				
窯業			陶磁器、玻璃、Cement.	四	陶磁器、	一
工場實修及實驗	第一	八	第三	二〇	第一、二	二二
	第二	七			第三、	二八

應用化學科學科課程

科目	第一年		第二年		第三年	
製造用機械					第二 製紙、製糖	三
					第三 製油、製粉等	二
冶金學					第二、三	二
特別應用化學			第一 顏料、製紙、澱粉	四	第一 樹脂、木材乾餾	四
			第二 油類、砂糖	四	第二 石油、製革	四
			第三 石油、釀造	四	第三 色素等	二
電氣化學			第一 總論、電鍍、	二		
			第二 電鍍、電鑄、	二		
			第三、電氣 Alkari.	二		
工場實修及實驗	第一	一二	第三	二〇	第一	二〇
	第二	一〇			第二	一七
					第三	二五

機械科學科課程

科目	第一年		第二年		第三年	
工作法		三		一		
鐵鋼論					坩堝 Ressemer, Seamens Martin. 法等	一
應用力學	第三力學	三	第一、材料強弱 水力學 第二、機構其他	三 三 三		
電氣工學			第一、發電機發動機 第二、三、發電機、發電機電燈 電力傳送等	二 二		
製造用機械					第一、喞筒、水壓機、紡績、 第二、紡績、製紙 第三、製油、製糖其他	四 三 二
發動機			第二、三、蒸氣鍋、滊機 第三、滊機汽鑵、 水車瓦斯發動機等	二 四 三	第一、二、發動機設計	四
工場實修及實驗	第一、木工、鑄造 第二、同上 第三、同上	八 一二 八	第一鍛工、仕上、銅工、工塲用圖 第二 同上 第三 同上	一〇 一四 一六	第一 木工、鑄造、鍛工、仕上及實驗、設計圖 第二 同上材料機械油Caesic.燃料汽鬪汽機水力等 第三 同上	二三 二四 二九

備考 第三年實修。依生徒之志望。左之三項中得專修一項。又得通習一項若三項。

(一)木工·鑄造·製鋼· (二)鍛工·鏇工· (三)製圖·

電氣科電氣機械分科學科課程

科目	第一年		第二年		第三年	
電氣磁氣	第二、三	三				
工作法		三		一		
應用力學	第三 力學	三	第一、材料强弱 水力學 第二、機構其他	三 三 四		
電氣工學			電氣應用一般 第二、支流電論 第三、發電機電動機等設計	二 三 三	電信、電話、電燈、電力、傳送、電氣鐵道 發電機、電動機等設計	五 二
發動機			第二、蒸汽輪汽機 第三、汽機汽罐 水車瓦斯發動機等	二 四 三		
工場實修及實驗	機械 第一 第二 第三 電氣 第二 第三	八 六 三 三 二	第一 第二 第三 第一 第二 第三	六 五 一〇 四 五 三		二五

電氣科電氣化學分科學科課程

科目	第一年		第二年		第三年	
電氣磁氣	第二、三	三				
電氣工學			第一 發電機、電動機 第二、三（仝上電燈、電力傳送等）	二 二		
冶金學					第一、二	二
特別應用化學			第一 顏料 第二 油類 第三 石鹼	二 二 二	第一 製紙糖類 第二 製革	二 二
電氣化學			第一 總論電鍍 第二 電鍍電鑄 第三 電氣Alkari.等	二 二 二	第一 電氣Alkari.電氣冶金 第二 電氣冶金	二 二
工場實修及實驗	電氣機械 電氣第一 化學第二	一二 七	第一、二 第三 第三 電鑄	四 四 一七	第一 電鑄電氣化學 第二 電氣化學電氣冶金 第三 同上	二〇 二〇 二九

備考　電鑄・電鍍・電氣象眼等專修者・於第三年割實修時間・課自在畫

工業圖案科學科課程

科目	第一年	第二年	第三年
圖案法	二	有職故實 一、建築裝飾 一	同上 一、同上 一
工藝史	一	一	
應用解剖		一	
繪畫	第一、二 七、第三 九	第一、二 八、第三 九	第一、二 一二、第三 一一
用器畫	第一 四、第二 五、第三 六	第一 四、第二 三	
工場實修	第一 木工 四、第二 金工 四、第三 製版 四	第一 漆工 六、第二 窯業 六、第三 染織 八	特修製作 六
圖案實修	第一 三、第二 四、第三 六	第一 九、第二、三 一〇	第一、二 一三、第三 一四

癸 高等商業學校

本科修業年限。本科三年。豫科一年。

豫科及本科學科中。內外國語。英語外。清。佛朗西。日耳曼。西班牙。伊太利。露西亞。韓。七國語選修一種。

豫科學科課程表

學科目＼學年	一年 每週時間
一 商業道德	一
二 書法	一
三 作文	二
四 數學	四
五 簿記	三
六 應用物理學	二
七 應用化學	三
八 法學通論	二
九 英語	九
一〇 佛、西、獨、伊、清、露、韓語ノ內一語	三
一一 體操	三
時間合計	三三

本科學科課程表

學年 / 科目	第一年 每週時間	第二年 每週時間	第三年 每週時間
一 商業道德	一		
二 商業文	一	一	
三 商業算術	二	三	
四 商業地理	二	二	
五 商業歷史			三
六 簿記	二	二	一
七 機械工學	一		
八 商品學	二	二	
九 經濟學	三	二	一
一〇 財政學			二
一一 統計學			一
一二 民法	三	二	一
一三 商法			四
一四 國際法			二
一五 英語	六	六	六
一六 佛、西、獨、伊、淸、露、韓語ノ内一語	三	三	三
一七 商業學	三	六	

	一八 商業實踐	一九 體操	時間合計
		三	三二
		三	三二
	八		三二

第四　大學豫科學科規程

高等學校大學豫科學科規程

文部省令第十三號（明治三十三年八月四日）

第一條　高等學校大學豫科之學科、分第一部、第二部及第三部。

第一部學科、願入法科大學及文科大學者、第二部學科、入工科大學、理科大學、理工科大學及農科大學者、第三部學科、入醫科大學者入之

第二條　第一部學科、倫理、國語及漢文、外國語、歷史、論理及心

理。法學通論。體操。
前項學科之外。願入文科大學者。課經濟通論。
前二項學科中。願入文科大學哲學科者。缺論理及心理課數學物理。
外國語。英語獨語及佛語中選修二種。
第一項學科之外。願入法科大學者。以拉丁語爲隨意科。
第三條　第二部之學科。倫理。國語。外國語。數學。物理。化學。地質及鑛物。圖畫。體操。
前項學科之外。願入理科大學。動物學科。植物學科。地質學科。幷入農科大學者。課動物及植物。入工科大學及理工科大學土木工學科。機械工學科。電氣工學科。採鑛及冶金學科。工科大學造船學科。建築學科。理科大學及理工科大學之數學科。

物理學科・理科大學之星學科并農科大學之農學科・農藝化學科・林學科者課測量・

外國語・英語外獨語佛語選修・但入工科大學及理工科大學電氣工學科・應用化學科・製造化學科・採鑛及冶金學科并入農科大學者必選獨語・

第一項學科之外・入理科大學之動物學科・植物學科・地質學科并農科大學之獸醫學科者以羅甸語爲隨意科

第四條　第三部學科・倫理・國語・外國語・羅甸語・數學・物理・化學・動物及植物・體操・

外國語・獨語之外・英語佛語修・

第五條　各部各學科每週授業時數如左・

學科 \ 學年	第一年	第二年	第三年
倫理			一
國語及漢文	六	五	四
英語	(九)	(九)	(八)
獨語	(九)	(九)	(八)
佛語	(九)	(九)	(八)
歷史	三	三	三
論理及心理		二	
法學通論			二
經濟通論			[二]
體操	三	三	三
計	三〇	[illegible]	二九 三一

備考　表中()號，選擇科目之時數，[]號僅入文科大學者所課之數也。

願入文科大學，哲學者，於第三年缺國語，其所課數學物理之時數如左。

學科　學年	第一年	第二年	第三年
數學		二	
物理			二

以英語入學。願習法科大學之獨逸法佛蘭西法法律學科。並文科大學之獨逸文學科。佛蘭西文學科者。外國語授業時數變更左如。

學科　學年	第一年	第二年	第三年
英語	四	四	四
獨語或佛語	一四	一四	一二

入法科者所課拉丁語隨意科之授業時數如左。

學科　學年	第一年	第二年	第三年

拉丁語			二

第二部

學科 \ 學年	第一年	第二年	第三年
倫理			一
國語	三		
英語	八	七	四
獨語或佛語	八	七	四
數學	五	四	六
物理		三	三
化學		三	五（講義三 實驗二）
地質及鑛物			二
圖畫	四	四	二
體操	三	三	三
計	三一	三一	三〇

於第三年願入理科大學之動物學科•植物學科•地質學科並農

科大學之農學科·農藝化學科·獸醫學科者缺數學入工科大學及理工科大學之土木工學科·機械工學科·工科大學之造船學科·建築學科·理科大學及理工科大學之數學科·物理學科及理科大學之星學科者缺化學之實驗理科大學各學科·理工科·大學之數學科·物理學科·純正化學科·及農科大學缺圖畫農科大學林學科缺英語·

願入理科大學動物學科·植物學科·地質學科並農科大學者·所課動物及植物之授業時數如左·

學科＼學年	第一年	第二年	第三年
動物及植物			

工科大學及理工科大學之土木工學科·機械工學科·電氣工學科·採鑛及冶金學科·工科大學之造船學科建築學科·理科大學

及理工科大學之數學科、物理學科、理科大學之星學科並農科大學之農學科、農藝化學科、林學科者、所課測量之授業時數如左。

學科＼學年	第一年	第二年	第三年
測量			三

入理科大學之動物學科、植物學科、地質學科並農科大學之獸醫學科者、所課拉丁語隨意科之授業時數如左。

學科＼學年	第一年	第二年	第三年
拉丁語			二

第三部

學科＼學年	第一年	第二年	第三年
倫理			一

學科	第一年	第二年	第三年
國語	三		
獨語	一三	一三	一〇
英語或佛語	三	三	三
羅甸語			二
數學	三	二	
物理		三	講義三 實驗三 六
化學		三	講義三 實驗三 六
動物及植物	四	實驗 三	
體操	三	三	三
計	二九	三〇	三一

以獨語入學者外國語授業時數變更如左

學年 / 學科	第一年	第二年	第三年
獨語	九	九	八
英語或佛語	七	七	五

第六條　前條各學科以足豫備生徒卒業後入分科大學各學

科之程度爲標準。

第七條　學校長受文部大臣之許可、願入分科大學某科者所課一學科若數學科、得不置其學校。

附則

第八條　本令由明治三十三年九月一日施行。

第九條　本令施行之際、現修第二年、或第三年之課程者、迄其卒業、得受文部大臣之許可、依舊規程、若斟酌新舊之規程而教授之。

日戸勝郎來書

過日得見先生。喜慰無量。教育制度之視察。宜緩緩精查。僕本日見敝邦文部大臣菊池。關淸國教育。有所談論。菊池之意見曰。今也淸國教育之制度。仿吾國明治初年以後。明治十五六年以前之施設爲宜。方今之制度。在日本仍憂輕進。況於淸國現狀。其不適無論矣。淸國教育下手之第一著。莫急於先起師範學校。以造各省小學校（國民教育）之教員。養成教員者。是教育上最先最大之急務也。北京大學者。於名義雖曰大學。其實際教課。應采吾國中學校以上。高等學校以下之程度。其養成各地師範學校教員之專門科。則別立之。觀各國教育歷史。無論何國。其初皆自上級與下級相應而發達。漸爲中間聯絡。於一方圖小學校之普及。於一方起大學。從上下兩端漸及中學制度。是其常也。清國亦不能違此軌道云云。文相之意。方今之際。敝國雖乏幹濟之材力。然欲爲清國送良教員。正在妙選未定。又不日期應閣下之質問。豫有所審慮。碎心待面談吐胸中之見。先生幸諒之。滯京數月之間。向後屢有互見之期。事若有不便。乞示知。僕當努力辦也

前山陽高等女學校校長望月與三郎來書

嘗聞俄國之侵入於東邦而畧要地也。必先建兵舍與寺院。美國人種

之始移住於彼土也．必先設寺院與學堂．此一事．可以見二國之剏國．趣旨不相同．是故俄國雖有席卷四海併吞八荒之勢．其國礎不固．苟一朝國威不振．則陳吳之徒．接踵而起．邦家有累卵之危矣．美國則不然．建國以來．雖僅百有餘年．人文開．藝術進．國勢日躋．而凌駕歐洲．既爲其所畏敬．各國爭求其歡心．可謂盛矣．方今貴國對世界列强之道．修兵禦侮之事雖急．苟欲永持獨立．期隆昌．莫若固國礎．固國礎之道．在於育英．育英之方法不一．大設學堂．雖謂良法．抑亦末也．欲獲人才．須造良家庭．欲得良家庭．須造賢母。賢母養成之道．在教育女子而已．故曰．國家百年之大計．在女子教育．無他．是教育之根本．而實鞏固國礎之法也。第一世奈破侖之以百戰百勝之餘威君臨佛國也。深思國家百年之長策。一日問之某貴夫人。夫人對曰。在造賢母。佛帝大悅。以爲獲我意。蓋帝之母。即賢明婦人。能令其子成人傑之名。奈破侖嘗語人曰。幼兒之命運。全關其母之智愚如何。可謂至言矣。夫人之教育。始於母之胎內。經家庭及學堂而達於社會。而其最受薰化時。爲在胎內及家庭之間。實如奈破侖言。幼兒將來之命運。於此際定焉。爲人母者之勢力。不亦偉哉。亭亭凌雲之樹。當其萌芽。一旦蒙微傷。尚且不全其生。至與雜木無所擇。在人亦然。幼時在母手之間。而不得其教育。宜乎駿兒不能伸其驥足。空伍駑馬而已。他日入學堂。雖使賢哲執教鞭而朽木不可雕。屈幹不可直。若是而望人才。猶緣木而求魚。教育之勞。不見寸功而止耳。反之賢母在家。子女受正教。則一旦入學堂之後。猶駿馬走坦途。達千里之遠。蓋非難也。徧見古來之偉人傑士。其母不賢明者鮮矣。賢若孟母而後有亞聖。無華盛頓之母。焉有開闢美國之偉功耶。女子教育之要。如斯明明也。世之頑冥者。以之爲迂遠。徒盛男學堂。以欲養成人才。而入學堂者。其心不純。其知不明。屈幹朽木。何以得爲棟梁也。先生明敏。既看破此理。盡貴國百年之長策。可不以女子之教育爲急務也哉。

土屋弘來書

弔白吳君摯甫閣下．前月來視察敝邦普通教育制度．稱其進步．且怪僅僅三十餘年．達今日之域．烏乎見吾君之所怪．足以知吾君平生用意於教育之篤也．弟亦嘗從事於普通教育．畧知其梗槩．請試言之．蓋工業之所以速成．一在用器之利便．教育以文字爲利器．文字之簡易利便者．莫若五十音圖．敝邦普通教育以五十音圖爲先．五十音之爲用．宇宙百般之事．無不可寫者．而其爲字僅五十．雖幼童可輒記之．以此施於初級教育．其進步之速．曾何足怪．至教育中等以上人．則漢文歐語．固不可不并用之．然是率皆中流以上之事．而人之位中流以上者．居百中之一．以教育百中之一之方．施之於九十九之衆人．其教育

六

之難速成。不亦宜乎。故以簡易之器。導九十九之衆人。令邑里閭巷。無不學之子弟。則衆中未必無傑出之才。所謂凡民之俊秀者也。此輩進而服高等之學科。愈磨愈厲。他年成立。必有可觀者矣。是今日普通教育所以爲急務。而初級教育之所以不可不用簡要器具也。今足下若欲速奏其效。宜先采用敝邦五十音圖。況此本取於漢字。盍速用此至簡至便之物。若夫所課中等以上漢文。則高雅典實。用之金石。垂之不朽。其美固可以冠世界萬國矣。弟常云。人有長幼。有貧富。故文字亦當從長幼貧富課之。以達其用。乃在幼童及貧人。則主用五十音。至中流以上。則用象形文字。是自然之勢。無足怪者。敝邦普通教育之所以纔就緒者。無他。惟由於善用此器。調和適其度而已。君卓識超衆。必有味於弟言。

日本體育會體操學校松井次郎兵衛來書

吾素一介之士。不及與聞天下之大計。然稍事儒學。嘗見清國艱難。慨然有輔翼之志。而力不與志儔也。閣下之來我國也。吾每與校長高島先生談閣下重體育。心窃喜之。欣慕不能措也。今聞閣下之參觀於吾校。乃弗自揆。欲陳其所見。抑體育者。教育之基礎。富强之淵源。而天下之得失繫焉。吾疎陋。安得辨於此哉。然皆是吾黨分內之事。不得置諸度外也。熟察天下之形勢。大制小。强併弱。競爭激烈。日甚一日。是即進化之明路而生存之天則而已今也東洋之常壓伏於西洋而無能與之抗衡者是在國之大小邪則西洋未必大於東洋抑在人民之多寡邪則東洋未必寡於西洋而懸隔如此洵可謂東洋之一大患矣而我國則與清韓相接恰如鼎足不可缺其一也缺其一則雖欲不傾頽不可得也然則如何而可曰三國一致各養其國力養國力則在養元氣養元氣之法則莫善於勸課體操矣夫身體者精神之所宿也古人曰活潑精神宿於强健之身體身體既健精神既旺則文教可以興武備可以精殖産興業可以隆盛焉果然則富國强兵之策全存於兹況如中國之土廣而民衆乎且吾聞之中國自古其政則文武之法其教則

孔孟之道。而國人至今墨守之。不復顧天下之大勢。徒拘虛文。泥古法。故元氣消耗。亦不足怪而已矣。蓋吾曩尊信孔孟之道。而及入軍隊。而練身體也。心身調和。私慾自窒。進取之氣象。磅礴於軀體。處艱難而不撓。臨事變而不惑。能得以敏捷判斷。而爲活潑之動作。於是有所大悟。以謂完全教育。精神之修養。與身體之訓練。不可相離矣。今中國苟使國人知富强之所資源。而說體育之必要。徐立方法。孜孜經營而不已。則何微弱之足患焉。而向所謂古法者。變而爲有用。虛文者。化而爲文明。天下靡然嚮風。是猶大旱之得雨。豈非天命之所歸邪。然則凌歐駕米。以爲東洋之一强國。是吾所信而不疑也。閣下如賜覽觀。得以補闕

十

下之所須萬一．幸甚幸甚．恐懼再拜．

西七月分熊本九州日日新聞　譯文

清國今日之革新．非一局一部之修補．當由其根柢基礎．以希改進．譬病既入膏肓．終非外科手術之所能愈也．今茲吳先生爲教育視察之事．來遊我國．清國之當道．著眼百年之大勢．良可慶．雖然．先生之視察．置重於何等方面．誘引歡迎先生之諸人．將如何以贊助之．此吾輩不得不少有所說也．方今我國之教育．各部機關．整頓甚具．無少間然．先生有志振興教育．必就制度機關．詳察周到而可也．雖然．吾輩更望先生進而詳察轉運制度機關．無形之人心．何則．我國方今之教育．其源全在採取歐米之制度。以致今日之美備。而其所以不唯模倣。兼能鎔而化之者。則究由消化之力之强也。若消化之力猶弱。譬之胃臟失力。無論如何滋養良物。終不能容納。以收其効。然則鎔化歐米之制度。關於我國無形之人心。先生不可不察也。且清國非無學者。無人物也。非無學問。無實際有用之學問也。清國之憂在文弱。曾爲故井上文相之所喝破。先生若僅觀高遠之學問。著眼大學。及其他高等教育之機關。吾輩竊慮其視察之方針。或失其當。積理義之硏究。探深奧之哲學。於支那之學術。寧患其多。唯其不足者。則利用厚生之道。質而言之。所短者在實學也。方今物質文明之進步。滔滔然由生存競爭之方面。以擴張其勢力。尚欲以地水火風之四大。抗六十餘原質之分析。雖欲不衰微。不可得者。此清國學術之所最短也。是以先生由觀大學而觀小學。由觀文學美術之學校。而觀商業工藝之學校。由哲學宗教之方面。進而觀察理化格致之方面。此爲必要者。質而言之。以置重實用之教育。爲調查之方法手段而可也。清國千年來虛靈之學。既不勝其文弱之弊。將來可採用者。豈不在實用之學問乎。然觀我國三十年來之進步。物質之文明。先由歐米注入。而國民固有之粹美與質健之精神。能活用之。以致今日之發達。此中關繫。最足爲清人研究之價値者也。何則。偏陷物質之進步。猶恐不能完全美備。於清國之學問。物質之部分。最其所缺陷也．然人心不振．徒知求此至切之學術．其果能爲完全社會．以發達人心而期進步．此猶不能無疑也．是以先生觀察教育制度機關之完備．更詳審我邦無形人心之何以完固．以與物質教育採用實施之資料．兩兩相須而無少過焉．此吾輩之所望於先生．與其引導之諸人者也．

西七月分東京二六新報 木村生 譯文

教育者．作一國之精神者．國家之眞際．實由教育以得而存焉者也．是以古來有爲之爲政者．皆莫不重之．於淸國教育在最重位置之吳先生．此次來視察日本之教育．我邦豈可不歡迎先生．以爲榮乎．先生之來我邦。視察其教育也。其意必參考之。以有所取。聞先生前日。與帝國大學總長山川氏相會之時。山川氏勸先生曰。貴國宜先仿我邦維新之當時。循序獎厲醫學。以爲開發國民之方法。其言雖亦一理。然在清國方今之情狀。不必以獎厲醫學爲開發之第一義也。何則。我邦昔時醫者。多暇日。又知文字。其中先覺數人。就西醫有所學。隨之得外國語。由外國語得外國情事。以至西人之文明輸入吾國。非醫學之物。爲我國之開發也。醫學雖爲開發之先導。實偶然之事耳。吾徒固知貴國今日之狀態。西人之醫術爲必要。其可以增進生人之幸福。固所深信不疑者。雖然。醫學者。僅一科之學。又爲藝術之事。不可不知也。且我邦爲醫師者為日本開發之始原非唯醫學之事此等人物皆開發之先覺者能通政治經濟之事理而兼擅醫術實則有醫術以外之學始得成日本開發之事也且醫學者不過一科之學又為個人之事其中不存國家之觀念未足以為貴國全體開發完備之方法也且夫中央之主權不鞏固嚴立威令不行學術之進步不可期開明亦必不易又若僅致力於學術之進步國家之威權不立個人之智識雖如何發達於清國國家不能賴以富强反為其政治之患耳我邦維新之時一方當開發之氣運一方極意興起國家之觀念民心統一王權擴張一方致力開發進步又於他方專務統一國民以故得儼然現出進步之日本國

家與國民也。意貴邦雖守堯舜孔孟之道義。國家之觀念。殆若甚薄。貴邦之人民雖智巧。皆出於個人之爲。而以國家爲務之智識。則若甚少者。此貴邦之所最短也。我邦維新事業之成功。實在人民强於國家之觀念。以深敬王權之念爲基礎。由中央主權。得導日本之開明。先生若望貴國之大開明。學問藝術。雖非不至要。而此區區者。寧可置爲後圖。先致力養成國家之觀念而可也。古來支那人。（自注余不曰淸人不曰元人亦不曰明人。）於世界之舞臺所成事業。如何偉大。試回顧之。以振興貴邦人飛躍之志。信非難事也。要之以民心之興起。與其統一。與中央主權之强固。在此數者爲目的。以教育其人民耳。編輯學校及學校以外可讀種種之書籍。盛養國家觀念。及國民統一之思想。以爲貴邦之急務。次之始可言諸科之學術也。若教育不主於國家觀念。其盡力教育。必支離滅裂而已。先生觀察我邦之教育。非求其皮相而溯其眞源也。幸取我邦之所可取者取之。敢呈蕪言。

西七月分東京日本新聞

方今學制改革之議。於我國之現制。亦非可許。然自淸國觀之。猶歎美我之現制。以比較論之。則今之現制。猶爲較勝一籌也。然彼若直仿我現制以立教育。則大不可。何則。頒布一律學制。固不易言。若小學校中學校。各種專門學校。大學院等之設立。固非無籌辦之資。無奈無輸出之機關。府縣郡市町村等自治之團體。固非一朝所可設立。又此等團體。非獨施行教育制度所當設立者也。吾以爲北京大學。固官學之制。當先爲官吏之養成所。以其卒業生。代科擧出身之進士。科擧之制度。可以全廢。於全廢以前。當使大學多得卒業生。此事立教育之制度。殆第一之急務也。速成之學術技藝。我國雖已不用。而在淸國。最爲切要者。入新學之生徒。取熟於支那舊來之學問者。使入大學校五年若七年。以代殿試。學科以政治經濟法律等爲善。若理科若工科。終非可速成者。教師不用本國人。一用外國人。外國語習之七年。大率可以習熟。而以此卒業生爲官吏。以爲改革之端緖。立全國一律之學制。施小中大學完全一貫之教育期之十年之後可也。

井上哲次郎筆談

問　久欲來親大教。今日幸獲所願。至爲榮寵。

答　不敢當。不敢當。貴國今日之急務。以教育爲第一。教育者。不應時勢。則無其效。孔子之敎大好。然今日則見其未備。先生以爲如何。

問　來此爲欲瞻仰貴國教育。所見皆是外著之制度。已足敬佩。尙欲得公等誨示。一問貴國教育之精神。

答　敝邦教育。以融合調和東西洋之思想爲目的。自然科學。莫如西洋。然唯取自然科學。而無精神以率之。則將不堪其弊。故以我精神運用之此我教育所由而立也貴國亦要先講西洋自然科學然無所謂哲學者則教育之精神難立也教育精神畢竟在倫理今日之倫理非打東西之粹而爲一治不可我邦學者所努力在此

問　久聞執事精研哲學倫理學願聞要領

答　哲學倫理學之事最要絮說不能簡短述之也然貴國古來之倫理雖大好而在今日則有可補之者是弟等所欲言也

問　請言今日當補之事

答　試舉其二三曰崇人格之觀念曰重個人之權利曰自由平等之

精神。曰知實現理想之要。其他不遑屈指。今如理想。殊重要者也。

問　願問理想之重要。

答　理想一也。而有個人之理想。有國家之理想。個人之理想。則倫理之本源也。國家之理想。則國家隆盛之原因也。理想者。非取模範於過去。而期將來者也。欲駕過去一切文明而上之者也。非尚古之意也。逐新而進之意也。

問　逐新仍兼尚古乎。抑去古就新乎。

答　去古就新之意也。然非慢古。又非棄古。駕古而上。故不畏古也。如印度專尚古。欲一倣古。故遂不能如古。古今時勢已異。以今作古。

是所不可能也。印度文明。進寸退尺。良有以也。

問 君視敝國古時文明。與印度何若。今時尚有當用者乎。抑不可復用乎。

答 貴國古代文明。與印度同不可棄。是所以要研究也。弟亦欲研究之也。然使今日之國家及文物如古代。則斷所不敢取也。理想者。所描出于腦中之念也。優于現在之情勢者也。吾人人類。皆不完全者也。故欲進修以近于完全之域。是則理想也。國家亦非完全者。故欲今之國家之完全。是則理想也。理想不過腦中之念。而有動人之勢力者也。多知古今之人物。而後拔其粹。打爲一冶。以爲己之模範．欲使變而爲己．是則理想之謂．多知東西諸國之國家．而後拔其粹以大成之．是國家之理想也．故實現理想．則必有進步．又有活氣．古代文明固不足畏也．

問　腦中之念．若何而能動人．多知易．拔粹難．實現理想似亦尚易．有進步有活氣難．如何而可．

答　吾人人類要實現理想．以就進修之塗者也．進修而達向上之域．則有所滿足也．是應理性之要求故也．物質無精神．如死．然唯理想者．驅人而赴向上之域．是故有活氣也．若人之生命而無理想．則如水之滯而腐敗．無活氣故也．若有理想．則人生有目的．有當行之道。於是乎不能無活氣也。譬猶水自岩石之間迸出流而清洌也。理想者。人之至善者也。國家之至善者也。今使人至善。使國家至善。安可以無活氣乎。理想優於過去者此也。

問 理想似知上事。赴向上之域。則是行上事。今敝國欲赴向上之域當奈何。

答 國家離人則無有。人人相集成國家。故國家進步之本在人。即在使各自實現理想。是實教育精神所存也。若自國家而言之。打破從來尙古之風。而取東西文明之粹。打爲一治。以立理想。則國家經營之方針。始可成耳。理想必動人者也。不動人不足以爲理想也。理想者。向上之域也。招人使來。人不應。則廢然而返。是失理想故也。已有理想。則感激奮起。不能已者也。然描出理想。必要學問經驗也。

問　學問經驗當奈何。

答　謂精神上之學問及教育也。如哲學倫理學心理學等。亦應大攻究也。

問　使國人各自實現理想。此是教育已成之效驗。應如何下手。乃能成此教育。亦應有方法。

答　自小學至大學。設倫理修身之科。改造將來之國民。則數十年其効必大顯．

問　敬聞命矣．

答　敝邦之學問．以醫學兵學爲起點．然及精神上之學問大起．社會之情態．俄然變動．至成一瀉千里之勢．

問　精神上學問大起．當在何時．

答　明治十五六年之頃．進化論始入我邦．而精神上之問題始起．同時基督教傳來．博愛平等之說亦行．因講究哲學．雖此後尚有世運之變．本于精神上之議論者爲多．

問　大教多有深趣．獲益匪淺．談紙欲盡携去．

西京儒員林正躬筆談

問 教育之事。僕所求者貴國明治初年開辦之法。我公身親其事。正下走所側席求教者也。何幸枉臨。喜極。

答 幸賜寬假。不勝欣抃。僕於西京一部維新之學政。知其概略。敢吐露其衷情。明治維新之始。以詔勅使府縣設立學校。京都府知事槇村氏。熱心謀之。其方法分市街爲六十學區。一區設一小學。其校舍有新築者。亦有假舊廬爲之者。傭家塾及村塾之師。以爲小學教師。至郡村山邑亦然。故京都府爲日本小學之嚆矢。尋立女學校師範校。養成教師。分遣各校。

問　其初辦時。市村六十學區。同時并舉乎。

答　市村胥吏。聞諭有即興辦者。有怠而不即從事者。屢召喚糾問之。其首舉者賞之譽之。他之怠者。亦遂設立。從明治四年著手至十年。山村海陬畧徧。

問　此似責成市村自立。其經費亦爲籌措否。

答　經費市村自辦。市吏課稅於每戶。與正稅營業稅學校稅。并徵收之。

問　貴國民間。亦不甚富。其不能出稅者。奈何。

答　設立之際。需用巨費。故使其學區內豪商富紳。特募寄附金。而徵每戶之法。有大小之別。且有學兒之家特徵之。

問　學兒每名尙自出修金否。

答　皆自出修學料。而不過二三十錢。案十錢當洋銀一角

問　修學料蓋是筆墨書籍紙石板等。至於教師之俸。學生亦自出否。

答　修學料即教師之俸。至筆墨書册則各自買之。貧者學校吏員或給之。

問　教師之俸。每月二三十錢。不太少乎。

答　一校之生徒。多是八九百名。或六七百名。故集成巨額。尙不足。則以校費補之。

三十

問

八九百名六七百名。則學堂建築之功甚費。其學區亦在西京城內。人烟稠密之處。乃有許多學童。若在鄉市野村。則學童至數百名。必遠招數里數十里之家。乃能集合。此學童皆幼年。豈盡在學堂寄宿乎。

答

市街一學區。大率千戶。皆稠密。甚便。至僻邑山間。則校舍皆狹小。故大村設數校。以便于就學。小學皆無寄宿舍。近日一二校有設寄宿舍。小童有遠隔數十里而來學者。

問

近時學制大備。辦理自易。在明治初年。學童寄宿。或幹事不能經管。或房屋不能適宜。當有種種困難之處。如何營辦。

答　吾邦學生皆能守教師監督之命明治初年生徒轉不似今日之粗暴

問　明治初年學堂課程如何恐其時教師知西學者尚少如何立課

答　明治初年學課屢變改不定然太要讀書算數地理歷史物理倫理之六科教師知西學者實尠然以英書和譯爲教科書

問　明治初年西京已立大學堂否

答　否立大學在于明治二十年後

問　中學校何時立

答　明治九年始立之

三十二

問　今我國無中小學。京師已擬建大學堂。涉於躐等。下走擬將敝國學徒。年在二十內外者。考其漢學粗成。招令入學西學。如此可否。

答　尊意所在即可也。少年不知本邦之事體者。直從事于西學。往往誤其方向。

問　學徒年在二十內外。漢學粗成。令研西學。其課程似宜以中學校爲主。而初辦欲求簡易。如何定法。

答　中學課程。先以讀本（稱西洋讀本者有數種。）擇其善良者授之。如物理化學。則以譯書授之。如方言。則聘西人爲師。

問　聘西師是一定辦法。敝國外省立學。則尚不能盡用西人。貴國所稱西洋讀本。其書幾種。請開示。

答　明治初年。多用巴禮氏讀本。近時用那志與那氏讀本。及斯邊左氏（案即斯賓塞）讀本等。僕未詳西學。故忘其名。

問　貴國中小學校所定課程。與歐米異同如何。

答　無大差。但就適於本邦者變更之。採長捨短。

長尾槙太郎筆談

問　此來欲取法貴國。設立西學。其課程過多。若益以漢文。則幼童無此腦力。若暫去漢文。則吾國國學。豈可廢弃。兼習不能。偏弃不可。束手無策。公何以救之。

答　小子前年承乏文部。今教授於高等師範學校。教育制度課程。非偶無鄙見。然今時當路皆知西學之爲急。而漢學則殆不省。蓋學徒腦力有限。姑擇其急者耳。然其弊則至忘己審彼爲國家百年計。不能無疑。今貴國設西學。欲漢洋兩學兼修。患課程之繁。小中學高等學校（大學豫備校）課程。半漢文半西學。而晋入大學則專修其專門學。則庶乎免偏弃之憂。小子雖不敏。若或有所便於尋求。犬馬奔命。所不辭也。

問　課程中半西半。僕以爲甚難合併。西學不求能記誦。止是講授而已。漢學則非倍誦溫習。不能牢記。不牢記。則讀如未讀。今若使學徒倍誦溫習。則一師不過能教五六學生。勢不能如西學之一堂六七十人同班共受一學。此其難合併者一也。西學門類已多。再加漢學。無此腦力。二也。至大學。則漢文僅止專門。專門則習之者少。其不亡如綫。此求兩全。必將兩失。奈何奈何。至執事允爲尋求一切。感荷感荷。

答

學校之難設。非大中小皆具備。則難得完備。然新建制度。不可遽望完備。以漸就緒。爲得其宜。敝邦初建大學。命州縣徵貢進生。貢進生者。謂各州所貢進也。貢進生大抵成年以上。已在其鄉修得國學。（敝邦舊時國學。多爲漢學。）及遊京入大學豫備門修西學。而後入大學就專

門。以俟中小學校生徒之卒業而出。既得中小學校卒業生。而此
制廢。凡新設法。過急則敗。要在使人東西更面而不自知也。貴國
大學堂。先選擧人以上之人材而就學。待中小學之備。而徐制學
則學課。於其統系聯絡。蓋得一貫乎。

問　貴國貢進生入大學豫備門。其所學課程如何。公能言其大略乎。

敝國今日願仿此制。

答　重當拜候。

問　急盼見示教育沿革。

研經會筆談

問　高等學校組織如何.

答　大要分三部.一部爲法科文科.二部爲工科.三部爲醫科.三年課畢、入大學.以國語漢文爲基.兼修英獨佛三國語.如工科醫科.別有實習.

問　人有言學西國語言甚費腦力.必數年乃成.成矣尚非眞學.必別學一專門之學.乃爲本領.故此事甚難.若不學外國語言.得已繙之譯書.或用西師講授.使人通譯.以告學者.較易從事.公以爲何如.

答　吾國維新前.幕府開蕃書調查所者.使專門之士.譯之以弘布維

新後十年間。亦如是。至十年以後。西學大盛。遂至如今日。今則以西人爲教官。使學生學之。然語原元殊。領會甚苦。其費腦力非少。如下走以高見爲當。然時勢無奈之何。

問 貴國前輩。似皆以漢學爲根柢。後進之士。則吐棄漢學。一奉西文。究竟人才。後進與前輩風氣孰勝。

答 吾國前輩之奉西學者。以漢文爲根柢。加之以西學。是以多有爲之士。較人物古勝今劣。僕不知西學。然在工技之學。不可不資於西學。正德利用與厚生。學問之要。三言備之。東洋道德。西洋工技。合之始成。賢者當合幷東西。陶鎔一冶。

問　正德利用厚生。實括東西學之大成。貴國維新以後。德育智育體育三事并重。近來智育體育。皆著成效。德育今與古孰若。

答　吾國古有武士道者。加以貴邦聖賢經傳。大有可觀。今西學傳來。混入西學分子。德育一貫。甚爲難事。貴邦亦恐不能免。

問　如何而後使德育之說。不至徒託空言。

答　大問不敢當。然以鯫生見之。道德莫尚大聖孔子。天定之日。必風靡東西矣。此後進之所當勉也。敝邦明治七八年之交。西說盛行。至婦女子亦唱民主說。幸得廻狂瀾於未倒。蓋欲取人之長。則其短亦不可不防。是必至之勢也。唯有力而後取捨無失。切望慎之。

高木政勝筆談

問　執事精於法學。曾研究敝國律書否。

答　僕嘗學佛國法律而已。餘則日本法律。

問　貴國新政之法律。與佛國殆亦畧同。

答　敝國法律。取基礎於獨逸。且參酌各國法律。故至異同之點。非就法文不能辨也。

問　貴國未改之法。似多取之敝國。

答　敝國有新律綱領。改定律例。此等法律。模倣貴國。

問　改定法律。何人主筆。其創議删改各條。今有元議書藁可考否。

答　新律綱領．故江藤新平爲司法大臣時所創設明治三四年頃也．改定律例．故大木喬任爲司法大臣時所作也．然至其元議書．未見．

問　君視已改之律．與未改時法律．利弊何如．能示其涯畧否．

答　未改之律．與已改之律．要有從嚴趣寬之差耳．

問　繁簡何如．

答　一廢拷問．二廢笞杖．三廢斬首．此外尙有他．

問　東亞俗習．與歐美不同．其禁令亦自有異．所效西人．能悉合於國俗乎．

答　不合國俗者不取也。唯其所取者條理之一層耳。故至人事法律。敝國不模他國也。

問　貴國法律書若干卷。外國人可購買否。

答　敝國有數多法律。先擧其要者爲五。一憲法。二刑法。三刑事訴訟法。四民法。五民事訴訟法。

問　訴訟何以分民事刑事。

答　刑法公法也。護國家安寧秩序。民法私法也。護私人財產權利。

問　此亦西國制度乎。

答　然也。然此區別有自然之理存焉。

問　僕以爲用刑之事.護國者少.護人身者多.

答　如貴教.然就人身言之.有公害.有私害.是以或護人身之事.而護國之事多矣.

問　今日外交事繁.既有護國之法.亦兼采萬國公法條件否.

答　國際之法律.專從萬國法律.然鄙見萬國國際法律.唯行於平和.而不行於亂時.至是殆不足恃也.悲夫.

問　用法無論寬嚴.以平爲主.今自優勝劣敗之說興.以强爲主.不復論是非.吾以爲列强爭競覇術.生民之福.不知伊於胡底.有王者起.其將一反於平乎.

答　西歐人以利爲先．雖有法律．唯思互相呑噬耳．貴國與敝國朝鮮．此乃有仁義之教．愚以爲三國不同盟以制西歐之强慾．則生民無免其禍之時．

問　三國同盟善矣．三國之自爲交際．尤以不詐虞．不相欺陵．以圖私利．其交乃固．然後外侮可共禦也．鄙意以爲東亞三國．强不侵弱．此不貪彼國之利權．乃能彼此同心．

答　欲使三國同心．則莫如起德教．欲與德教．則莫如與佛教．僕學佛於此十餘年矣．深幸佛教．故偶涉及宗教贅語．幸恕焉．

問　德教之事．儒佛一也．無如立國者不信．何皆口稱盟好．心則欲剜

人之肉。以補己身。同盟之國。有不寒心者乎。君以法家學佛。近於
東餐西宿矣。能以佛法起化貴國。使皆爲佛土。亦鄰國所深願也。

答　僕不德。不敢當也。雖然。弘教之事。常以一身殆供犧牲以當之。

問　此志即能興教。

早川新次筆談

問　鄙意敝國始立學堂。尚無中小學根基。不得稱爲大學。貴國教育
國民之說。敝國現尚未能處處立學。亦難普及。今但取二十餘十
餘歲人中國學問已成者。使之入學。此等人智識粗具。於貴國小
學所用教科。有不必贅告者。大概以中學校爲主。而增益本國之

所無．則智育其要端也．故欲以理化鑛農工各學爲先．此諸學有必須專門教習者．由執事察核代聘．

答　先生意見．小生所贊同也．獨是於學堂所養成之人物．出學之後．於何方面．可致用乎．

問　此一最要問題．論學生出路．必應敝國先改官制．然後學校人才．皆以所學爲用．今官制未改．徒以擧人進士空名．不足羈絆英才．惟吾國物衆地大．新學既開．決不中止．則各處開設學堂最多．學生卒業．可到處爲師．以廣教育．即目前出路也．將來國家．亦必改制用人．但患無學耳．有學不患無用處也．

失名氏筆談

問　教育事尙未查淸君以爲宜如何訪問.

答　僕竊惟將敝邦教育之現態欲直施行於貴國抑難矣.物有順序.國情不同.先生之深慮.必已知之故竊惟貴國教育改革之事.可以漸不可以急.急則反壞.尊意如何.

問　尊論極是.但事勢已迫.不宜遲誤.奈何.

答　如張絃.急則絕.但定大體之方針.漸次趨之耳.教育之事.永遠之大業.所宜深考也.

望月與三郎筆談

問　台端勸興女學。聞貴國十年前女學尚未大行。後用何法鼓勵。遂有今日之盛。望示知。

答　愚按。欲策女子教育之良法。須參照者有三。一過去歷史。今日之教育。不可不與已往女子之教育連絡一貫。二現在狀態。今日之教育。要基於女子之現狀。鑑男子之程度。且照於文明諸邦之女子教育法。三未來之進步。當豫想國家將來之進步。幷世界文明之趨勢而立案。此外更有一事。則國家之觀念。即愛國心之涵養是也。蓋女子最富愛情。而其愛也。僅止於一身一家。而未有及國家者。以其闇于歷史。且不識列國對峙之形勢。故欲使女子養愛國之心。不可不待於教育之力也。受教育富愛國心之女子。他日爲人母。於其膝下撫育之子女。受其感化。其愛國必矣。天下養愛國之美。有過於家庭者哉。是故於女子教育。涵養國家觀念之方針。甚屬重要之事也。

問 貴國女學未愜心者何事。

答 小生以爲西學所最重者。在其精神。然方今流弊。偏重物質。是其所大遺憾也。

經濟答問 西九月廿六日經濟襍誌 法學博士田口卯吉 譯文

淸國吳先生。本月二十日臨經濟學協會之例會。問會員以六事。計會員諸君當各以所見奉答。余則有請從隗始之意焉。

第一問大旨謂清國之貨幣制度未善。然一旦改之。恐市面不安。即恐招市價之變亂也。故問日本國以金貨爲本位之初時。何以朝野相安。毫無阻礙之故。對。以上所問。余以爲於日本國實行金貨爲本位之初時。必非能免市面不安。無市價變亂之事也。何則當時數年間物價固非常騰貴也。然此騰貴之原因。一因金貨百圓之市價當銀貨一百九十一二圓。定以二百圓爲本位。一因其後日本銀行大增兌發券之故。若無此二者。改正貨幣制度。不至致市面之不安也。今於清國所稱爲本位者爲兩。而無可以代表之貨幣。新鑄造之銀貨。其量與墨西哥銀同。號之爲元。是與我政府改兩爲圓正同。僅變更其本位之名稱而已。不至變亂市價。蓋先生之所可目覩也。假使清國政府此際新鑄一兩之金貨。以之爲本位。而通用於市間。此金貨精密爲之。使有銀貨一兩之價値。則市價不爲動搖。猶發行一元之銀貨同耳。要之市價動搖。即所謂市面不安云者。因本位貨幣含有之純分變更而生。苟於此不變更之。僅變更其名稱。曰兩曰元者。或變更其金質。或用金或用銀。其爲効一焉而已。不至有所差異也。以余所聞。清國於巨額買賣皆以銀塊交易。是無本位之貨幣也。余以爲清國政府之主意。果欲以一元銀貨爲本位。宜速鑄造之。而改去銀塊交易之法。此當今之急務也。而先生下問之本旨。似欲採用金貨爲本位之制。余敢斷以爲非其時機也。

第二問大旨。謂日本以國幣（即兌換券）。發行之權。交與日本銀行。在淸國則不易交與商人。然銀行固不可不設。（蓋即中央銀行之意）。應學日本用銀行財權歸商之起點。應如何辦理。　余以爲日本政府。以發行兌換券之權利。交與日本銀行。此鑑英佛獨伯（蓋謂伯剌西爾即巴西也）。等之制度。所謂便利主義也。若淸國以爲不便。政府自發行之。亦無不可。現北米合衆國。以大藏省發行紙幣。淸國政府。亦可學之。然於政府發行紙幣。往往濫發。致成不換紙幣之虞。故募股東於民間。設立銀行。交與兌換券發行之權利。爲完善之方法。各國行之。皆基於所實驗也。余願淸國亦取鑑於是。設立銀行。唯總裁副總裁任免之法。政府可審其國情設適當之規則。如獨逸政府。以中央銀行總裁列於內閣員。非必以財權歸之商人也。

第三問大旨以紙幣代用金銀。於清國不能無弊。商民因而受累。如何民間始可信用。　蓋先生稔聞從來紙幣發行之弊害而爲此言。夫當紙幣新發行之時。及紙幣增發之時。其價格下落。經濟社會發大擾亂。不獨清國爲然。歐米諸國亦有之。日本亦有之。然是不換紙幣之弊也。於兌換紙幣不甚見此弊。何則。若增發之時其價格下落。則可收囘銀行。減縮其流通之數也。此制度於國家有非常之利益。請畧述其事情。日本銀行。兌換券流通之數。方今一億八千四百萬圓。其八千四百萬圓保存爲正貨準備其餘一億圓保存爲保證準備此保證準備由公債證書商標等而成有六朱之利一年生利六百萬圓若於日本僅以正貨爲媒介交易之時決不能生如此巨利故兌換制度不用無用之正貨以片紙代之買入公債證書商票其價甚廉其利則甚大也今試就淸國論之淸國之人口九倍日本其富五倍日本若行兌換制度紙幣流通之數至少當五倍日本約有六億五千萬兩之兌換劵常流行於市間以其半之三億兩爲正貨準備以其餘三億五千萬兩爲保證準備而借用之是淸國政府坐得無債之利息也此固非一朝能達如此巨額之高度然不久達此隆運固無可疑其裨益財政不煩喋喋

也。

第四問大旨。日本雖以金貨爲本位。而實際通用之貨幣。則銀幣也。金貨本位之實何在。且日本銀行之兌換券。亦得通用於外國否。　日本現時流通之銀貨。補助貨也。補助貨者。無其實價。而補助本位之金貨者也。譬如紙幣。其實質並無價格。然以與金幣交換。是爲價格。故五十錢銀貨一枚。與五十錢價値之銀塊。稱之銀貨之價格。較貴甚明。此非銀貨之價格。而爲本位金貨之價格故也。且日本銀行之兌換券。以爲金貨交換之證券。漸至外國。亦且通行。聞高麗及淸國諸港。其受授皆無差異。然卽英佛等中央銀行之兌換券。亦多不通行外國者。日本之兌換券。亦多不能流通者。此與外國金銀貨幣。不能通用於清國內地。同一理也。

第五問大旨。國庫出入不相償之際。當如何營辦。　此點不獨清國爲然。正日本之所苦也。雖歐洲諸國。亦常苦之。救之之術無他。唯省冗費耳。然熟察清國之現狀。民苦苛稅。而國庫所入甚少。是徵稅之方法未整。而吏員行姦。不能督之也。余以爲清國各省。起民會。使人民之代議士得發表其志意。必有制吏員貪婪之大力。所謂眞正財政之整理。不可不待代議政治之成也。

第六問大旨。清國商工業之興起。當因如何之方法。　此在起學校。使子弟得專門之智識。固不可他求也。雖然。天下之商工。固不得盡於官立學校養成之。要不過示其模範而已。眞正之發達。不可不待商工之獨立。以研磨其技術。今夫商業。天下未有能敵清國之商民者。唯於工則未有進。宜傭聘專門之技手。教育子弟。其將來之發達。正自非遠也。

余以接吳先生之諮詢爲榮。開陳卑見如此。唯余公務鞅掌。對如此重大之下問。不得遂十分調查之餘暇。幸勿咎其無禮焉。

筆談傍記　細田謙藏述

明治三十五年九月初七。清國京師大學堂總教習吳摯甫先生。携京都市商業學校漢語教習孟君繁英。往訪子爵田中公不二麻呂于礫川之第。諮詢明治初年教育制度。與其辦理顚末。欲有所資益也。途次枉過。請與余俱。先是余介紹先生於男爵中島公錫胤。以前月抄相見。余亦陪焉。先生聞中島公言田中公明治之初爲文部大輔。（大輔今稱總務長官。）精達學政。因請其介紹田中公。允諾。以故偕往。上午八點鐘出余廬。約以十點鐘至。公延見。坐定。余先代陳來意。公曰。久聆先生之名。即欲趨謁。養痾在鄙。不能如願。徒抱歉歎。日前接中島函囑。故今在宅拱候。且余夙留意貴國。望其一日進治安之域切矣。今蒙駕臨。何勝欣慰。鄙陋之見。恐未足以補所須。唯知無不言。言無不盡。是余之願也。矧當先生殷勤之求乎。葢教育爲國家文明富强之基。治國之要。舍此無復他術。其所關係甚大。則先生之任綦重。私心欲吐露肝膽。盡言無隱。但事多繫余所辦理。故多及余之經歷。勿以爲誇詡可也。是時余欲記二公問答之語。以備遺忘。謀之於公。公喜許之。與以筆翰及几。余隱几聽寫。所記述如左。（下文曰吳者係吳先生曰。田者係田中公從約也）

田曰。德川幕府建立大學。名曰聖堂。專課漢學。學生約五六名。教習數十員。至末年。別設蕃書調所。（調猶講究也）後改開成所。教授洋學。明治後招選諸藩俊秀子弟。號貢進生。以泰西語文爲功課。先由語入。以爲修文階梯。學語約五六年。爲畢業之期。日教習多。而洋教習少。語言畢業。始進文字。修專門之學。則專用洋教習。亦約五六年畢業。
吳曰。然則兼修語文需十餘年乎。
田曰。然。
吳曰。專門畢業生。充用何處。
田曰。或以充吏員。或以充他種學堂教習。或遴擢優秀。出洋遊學。以補在國所修之不足。是爲今海外留學生之權輿。
吳曰。遊學期限幾何。
田曰。各國學堂課程異。其難易所修又異。其深淺。不可一概。大約數年乃歸。又曰。別設醫學部。是爲今醫科大學之權輿。教習多延訂蘭英德等國人曩時學制．大抵如此．學政管轄之權．歸朝廷也．余以謂立國家變法自强之本．固取於泰西之學．泰西之學．固待於泰西之師．然求其備．非考察各國教育制度．取舍斟酌．折衷至當．不能措之裕如．乃以明治四年奉欽命．携同通英法德等語文者數人．巡察歐美各國．曩日所派遊學生．亦往往來幇辦事務．一年有半而歸．彙輯考查各節．著成十數册．題曰理事功程．進呈．

吳曰．貴國皇上悉措之實地乎．

田曰．否．斟酌折衷．視其果能適否國情．然後循序逐漸行之．蓋國各異情勢．不可生吞活剝．

吳曰．行之始於何年．

田曰．余自海外歸在六年．由此時行之．先是創設文部省．統管教育之政．大木喬任爲卿．即今所稱大臣．及歸．大木轉他官．余拜大輔．兼顧卿職．酌行所查．莫不如意．

吳曰．閣下歸時．既有大中小學堂乎．

田曰．有．

吳曰．各種學堂教習．得無不敷用乎．

田曰．然．然多用洋教習．則多需費．於是開設師範學堂．養成教習．唯大學教習．仍混用洋教習．與日教習．

吳曰．中小學堂課程．分有幾科．

田曰．與今同．唯缺音樂體操兩科．兩科均延訂洋人．試辦數年．作成其適國情者．乃始開設講習所．養成教習．其音樂講習所．爲今音樂學校之濫觴．

吳曰．開成所學生．由何種學堂招募．

田曰．取所謂貢進生．又挑募十七八歲子弟．由初步敎之．間有家塾修洋語者．亦募入．

吳曰．貢進生如何區處．

田曰．待之同他生．不存形迹．

吳曰。貢進生與他生優劣如何。

田曰。貢進生。繫挑選各藩才性俊秀。深漢學者。故優於他生。

吳曰。貢進生年紀幾何。

田曰。二十左右。又曰。余至九年。再膺欽命。前往美國。觀察其教育。適有萬國大賽會。世界各國教育家。多來遊。開教育大會。因與諸人士相交。以教育辦法質疑畣問。所獲頗多。淹留八月。至明年歸。又輯所聞見。名曰賽會教育報告書。亦以進呈。

吳曰。教育章程。明治初年至今日。因革幾次。

田曰。細節更改。不可勝數。其大者。初有學制。次有教育令。以至今制。而教育令則係余所草定。又曰。各條章與理事功程報告書。今猶備存文部。可就觀。

吳曰。十年歸時。又行更革乎。

田曰。實行之。以建今日教育大本。今之教育。不過增修余之所建。余從事學務。前後十五年。至拜司法卿。（在十四年）始解學政。又曰。歷遊歐美。聞各國學者之說多矣。至可施國內者極稀。酌量折衷之所以爲要也。

吳曰。各國教育辦法。何國最長。

田曰。各有長短。如小學之教。以美爲長。普次之。蘭瑞又次之。英又次之。

吳曰。大學何如。

田曰．歐洲長於美洲．而歐洲中德國最長．本邦學制多採於美國．而不取於德國者．當時情勢似美．德則進境太高．有未可企及者故也．及風氣益進．則兼採德法各國之制．蓋自卑登高．自邇行遠．理勢然也．

吳曰．小學之法制大備．約在何年．

田曰．在七八年之際．以開今日風氣．又曰．文部特設繙譯局．大譯洋文用之學堂．

吳曰．今大學堂課本．多用洋文原書．若譯而用之．豈不益利便．

田曰．用原書之利．有數端焉．課本爲數無多．譯而用之．不如原書省費．學問深理．譯而用之．不如原書得要．西學貴日新．新理續出．譯而用之不如原書有益進境余遊俄國視其課本下級學堂尚用譯文大學獨用原書聞彼曾一行繙譯知不勝弊遂作罷論又曰課本無論大小學堂宜行酌量如道德不取耶蘇而取孔孟固有之教史書文學除不得已者仍用國文世或有心醉西學之極欲廢絕國文專用洋文者夫文字爲國之命脈絕國之文字即斷國之命脈也欲其國不斃得乎可不懼哉可不慎哉又曰女子童幼之教美國最爲專長蓋童幼固欲先入之善女子又宜養賢妻賢母之基此美國創業所以勃興也余於七年設立女子師範學堂與幼稚園當時往往咎余謂開女子驕傲之儆然利弊交至必不可免之勢唯有去弊收利耳

今女子之教。溥及海內。有蒸蒸日上之勢。豈非其效乎。又曰。教育貴普及。與其深而偏。寧淺而徧。教育收功。莫捷於此。本邦初取於美國小學之教。意實在此。不翅情勢相似已也。又曰。養偉器在大學。開民智在小學。

吳曰。高等學堂。歐美皆有之乎。

田曰。然。幼稚園爲入小學之階。小學爲入中學之階。中學爲高等學堂之階。高等學堂爲大學之階。不可不皆備。又曰。道德之教。貫通諸學而發申之。最爲至要。而其極歸。唯在忠君愛國。余之西遊。會德法行成。倘畧視其學政。乃知其所以勝敗。不在甲兵。而在教育也。法之教育委靡不振．德則無論形上形下．皆能溥及．其民皆通法之語言文字．達其史書地理．而尤富於忠君愛國之心．以此當法法之所以不能支持也．

吳曰．大中小學堂畢業期限．與歐美長短何如．

田曰．敝國長於歐美．歐美以國文修國學．敝國以洋文習洋學．所以長短相反．又曰．教育又貴統一．而貴國國勢與敝國不同．敝國文部號令．一律通行．貴國有十八行省．分任事權．恐難統一．鄙意如令督撫各自模倣敝國．設法建學．或可以庶幾歟．

吳曰．令督撫各自建學．費款可節．統一尚不可期．是時余擱筆問曰．

京師大學堂畢業學生。派往各省。令督撫充用之。於其中小師範等學堂教習。似可統一。

吳曰。省學課程尚卑。畢業學生學問較高。恐有扞格不行。畢業生亦不屑就。

余曰。聞大學堂將設師範科。師範科生。將用於何處。

吳曰。亦恐未適各省學教習。

余曰。師範科方屬創辦。養之令適教習可乎。

吳曰。各省情形不同。亦難一律施行。

田曰。此或然矣。方今養成人才以外。恐無他法。

吳曰．鄙意欲以京師大學堂養棟梁之才．令各省自設大學．用其畢業生充府州縣學教習．

田曰．然．不如多開大學．敝國初欲設七大學．以不可太急．故暫止東京一處．後增設京都大學．尚欲逐漸增益．

吳曰．貴國中學課程太繁．似不能深研應用．

田曰．然．不必多設．擇要課之可也．敝國當初辦理亦如此．大小學堂皆然．不唯中學．又云．凡有形之學易入．無形之學難入．自易進難．自淺進深可也．

吳曰．如醫學亦屬有形易入．我大學堂尚覺礙難．以解德學者極少也田曰。醫學不必依德學。用英法亦可。敝國亦初用英法。
吳曰。既過午。欲告辭。幸接晤教。獲益多矣。欣荷無似。遲日再謁。請益可乎。
田曰。意多而時少。未竭所欲言。他日駕臨。祈預賜示知。專誠拱候。

文部大臣菊池談片　章宗祥錄

今日貴國欲興教育。當先造就一種人材。能當教育之大任者。此爲根本之根本。今有良法美制。於此而行之者不得其人。則無以收效。凡事皆然。而教育尤甚。其次最重要者爲教員。教員者教育之母。日本初興教育時。亦苦無教員。後乃設種種養成之法。至今日僅得敷用。然尚不得謂餘裕。時時猶有缺乏之患。今貴國欲興教育。養成教員。決不可緩。

普通教育固屬必要。然專門教育尤重。政治法律爲治國之本。農工商爲實業之基。醫科爲人生壽命所關。理科雖若空虛。而實爲各種科學所自出。均缺一不可者也。

貴國今日欲興專門教育。不在精求學理。在實際應用。大學校造成專門全材。非一朝一夕之事。此可俟他日徐圖之。日本當初興大學校時。亦僅一二科目。如醫科工科之類。專備應用。今日視若完備。蓋亦積數十年之久。貴國今日所急者。在得應用之人材。故專門教育。期於足以爲今日致用而止．不必他求．
今欲造就應用人材．當思速成之法．凡人有爲之氣．正在青年．應用人材．將使之當今日之世變．故必短其年限．以養成其銳氣．
以上所言．乃一時救急之用．若爲久遠計．則應用人材之外．尙須造就一種專門全材．此種人材．於將來社會之進步改良．大有關係．故一面宜用速成之法．造就應用人材．一面即宜用循序漸進之法．以造就專門全材．
速成之法．據貴國今日行政區劃言之．京師宜立大學校．其下附豫備門．凡有中學卒業程度者．得入之．其未及中學卒業程度者．於豫備門之下。復設豫備門。使入之。各省宜各設專門學校。入學程度如上。卒業者即分往地方辦事。不必再往大學校。其系統當如下。

大學——豫備——豫備

專門（卒業以廿一二歲爲度）——中學——小學

日本現今學校制度。未必皆宜於貴國。如高等學校。大可省卻。僅設豫備門足矣。（高等學校之名本無不可用。茲所謂可省者言其實也）

中學校最難。各國教育發達。其學大都爲大學校。（或專門學校）其次即爲小學校。至中學校。則爲最後。蓋中學校承上接下。其適宜之程度。最不易定。

中學校之程度．果應如何．不惟日本尚無善法．即獨逸爲各國學校所師法．其中學校亦尚未完美．現今各國大教育家．尚不能定此問題．故爲貴國計．莫如視上級學校之程度．而特設豫備門以應之．最爲適宜．中學校可緩．

日本現今當局者．大都當時所造就之應用人材．當時日本注意應用．故辦事之人材輩出．再閱十年．即近今所造就之專門全材．當可出世．他日辦事．其學問優勝於前者．固不待言．然救一時之世變．則不能不讓之前人也．

大學總長山川談片　章宗祥錄

七十八

凡國家之所以存立。以統一爲第一要義。教育亦統一國家之一端。故欲謀國家之統一。當先謀教育之統一。

教育之必須統一者有三大端。(一)精神。(二)制度。(三)國語。

所謂精神教育者何。愛國心是也。凡欲統一一國之人心。必先懸定一目的。使人人咸趨於是。則教育易施。以愛國爲目的。而統一國民之精神。此爲最要。

其次爲制度。欲謀教育之統一。必設一定之機關以司之。即文部省是也。日本自明治四年設文部省。爾後政令始歸一律。教育之進步完備。皆原於此。

其次爲國語。國語似於教育無直接之關係。然語言者。所以代表思想。語言不齊。思想因此亦多窒礙。而教育之精神。亦必大受其影響。此事於他國無甚重要。以貴國今日之情形視之。則宜大加改良而得一整齊劃一之道。則教育始易著手。

以上所論。爲與教育之緣起。至於辦法。開始不必求備。大學校宜先設速成科。請他國教師開講。別設譯人譯之。或有謂譯人不能通各種學問者。此語誠然。然除文學以外各種學科。大都不外談理。談理之事。無有不可明者。且此本爲一時之急。非久計也。日本當初醫科大學開辦時。即照此辦法。一時卒業生數百人。大足爲世應用。此即速成科有益之證。

速成科外宜特設正科。此宜編定等級。定一完全學科。選取年少者。使由小學中學卒業。然後昇入。並宜使熟習外國語言文字。以備研究精深學問。蓋速成科取以應一時之急。正科爲他日久長之計。故宜相輔而行。不可偏廢。

中學校宜分二種。其一卒業後再入大學。或其他專門學校。其二卒業後即就他業。此二種趨向不同。故教法課程亦宜不同。其第一種宜注重外國語言文字。以爲研究專門學之根柢。其第二種則不必習外國語言文字。而別宜加重應用科目。如算學等類。使即可出世。無所欠缺。

日本中學校無此二種。此其缺點也。
中學校科目。最爲一大問題。今日本所定者。有十四門。或有倡科目太多之論者。然余不謂然。蓋中學校者。所以使人得普通之知識。普通云者。在多而不在精。以今日之科目視之。誠若過多。然試問諸科目中。果何者可以省去乎。歷史地理算學。及其他諸門。論者均知其不可減。無已。乃有謂理科（如物理博物等類）可删者。此大謬論。歐美各國普通學之精神。全在理科。使無理科。則僅歷史地理諸門。與東洋諸國舊時教育。毫無以異。且理科者。所以明日用事物之理。安有考求古今中外。如歷史地理等。知其不可廢。而日用事物之理。乃謂不足知者乎。故中學科目。余亦非不知其多．然使果有可減．於普通知識無礙．則余亦早從論者之說．否則不如仍舊貫之爲得也．

前文部大臣濱尾新談片 張奎錄

吾日本三十年前之境遇．彷彿貴國今日之情形．斯時我邦志士皆莫知日本之尙能獨立也．當此之時．外人有攻吾南方者．土人與戰．不利．追究其故．知吾之軍械不能及彼．於是潛心研究西洋礮火．稍得其秘．物理化學算學之入日本．即始於此時．

初．外人之來日本者．多逞亂暴．目無法紀．間有犯罪者．彼之公使領事。藉口日本法律之野蠻．而百計廻護．不使受約束．於是吾國民悲憤交集。思有以制之。乃設法科學校於東京。招聰明子弟。入學精究法理。蓄志使人無以藉口。此事至三年前。始得所願。改定律法。外國人來居者。皆受我國法約束。吾日本以七零八落之國。而得覩今日之榮盛。皆由於能求對峙各國之方法也。閣下來敝邦。視察教育制度。甚善。但歸國後。不可依敝國之制度而行。宜自出心裁。求一對峙各國之法。以爲制度。察天下之變遷。而隨時增改。否則無益也。

教育初興之際。經費必不充足。然可視經費之多少。而定教育之方針。如時當改革。可先辦專門教育。苟此時之經費不足。可先學專門學科中之緊要者辦之。但門類可少。而程度不可過低。因不如此。不足以當改革之驅使也。

民氣未開而興教育。宜用開風氣之法。如工場之於工學。病院之於醫學等。凡國民易知其效驗者可多設。以誘起國民之信用。

國民教育之義務。分爲四段。一父兄有使子入學之義務。二市町村有設立小學校之義務。三府縣有養成小學教員之義務。四國家有養成教授小學教員者之義務。

教育初興之際。新舊衝突。不可不避。否則教育之進步甚遲。抑止之法。在漸而進。進而不急而已。

教育初興。人咸莫知西學之益。故多裹足不前。宜廣開進用之道。以獎勵之。閣下近日縱覽各官衙工場。於此道諒必有心得。

帝國教育會會長辻新次氏談片　　吳振麟錄

今日歐美各國。皆注重於國家主義。故各增殖國民。務使邑無廢校。人盡知書。此于軍事之影響。尤深切著明也。

國家之興亡强弱。係乎國民之智愚賢不肖。國民之智愚賢不肖。係乎國民教育之盛衰。各國注重乎此。誠知其要者矣。今日敝國朝野上下。亦莫不以此爲急務焉。

故尋常小學校者。人無論貧富。爲國民義務所必脩。地無論都鄙。爲布町村義務所必設。小學校之數。日增月盛。師範學校卒業生不敷用矣。

雖別設教員養成所以補之。終有不及之虞焉。

察貴國今日之情勢。非急興國民教育。尤不足以抗列國。一旦各地方徧設學校。其需用教授。不知凡幾。况如貴國幅員之大乎。此不可不急籌者也。

今日貴國專聘外國教習。無論聘價太昂。財力不給。鄙人重有慮者。教習非專門。決不可也。即係專門。非熟知該國之歷史地理風俗人情。尤不可也。故英國之善於教授者。聘往德國。未必盡能適當也。日本之善爲教授者。聘往貴國。亦難保其盡適也。始基之不慎。貽害於後學者匪淺。日本明治初年。迭受此種弊害。願貴國勿復蹈此也。

竊擬募集敝國師範生之卒業者。授以貴國歷史地理。並告以風俗人情。及通行之語言。此假敝國人士養成爲貴國教員者也。又招募貴國年少有爲之士。既通貴國學問者。授以淺近普通學。互換智識。兩途並進。務期速成。限以一年。往復無已。遞傳遞廣。或足濟貴國教育一時之急乎。

貴族院議員伊澤脩二氏談片

吳振麟錄

問　小民多愚昧。說之不動。明治維新以前。恐亦不免。當西學之感人也。究以何種爲先。

答　明治初年。頑固情狀。尚未悉化。惟人莫不重死生。譬如瘧疾也。漢醫治之。有累月而不痊。西醫治之。不經旬而即效。漢醫之不如西醫。昭昭然矣。於是習西醫者有人。因採集藥品。而植物學不可不講。調劑藥水。而化學不可不明。解剖軀體。而物理學不可不求。有連類而及之者矣。

人又莫不重利害。明治初年。有結神風黨於熊本者。皆守舊徒也。自誇其武勇。如神出鬼沒之足以驚人也。故名之曰神風黨。唱攘夷之說。既而屢戰屢敗。日本舊來兵學。以視泰西新學。良楛利鈍。自不可掩。於是研究泰西兵學者踵相接矣。因製造槍礮。務通機械學。製造彈藥。務通物理化學。命中適鵠。務精代數幾何測量等學。種種研究。而學術之發明。愈驗白矣。

更有一事。憶自與美國訂約後。求互市者。若英若法若俄。莫不聯袂而來。往來日盛。交涉日多。東西之情勢既殊。彼此之法律互異。大而國家與國家之交涉。小而個人與個人之交接。無不事事喫虧。著著讓人。勢既不能强彼以就我之法律。况我之法律。又不免被人訾議乎。於是順天下之大勢。察世界之公理。採集各國法律。取其長而捨其短。頒爲定制。一例遵行。彼無所藉口。我亦不至受損。自是以來。內外之勢力相抵。民教不致相爭。改法律之功成焉。邇來講法律學者日精。尤能問執人口。彼白人之來我東土者。無不就我日本國法律之範圍矣。以上三者之成績昭著。嚮之頑固者視之亦若聾者之發蒙夢者之頓覺矣。爾後逐漸進步。逐漸改良。致有今日之情形也。

問　新舊之間。豈無衝突之患。調停之法如何。

答　我日本維新以來。新舊黨之衝突大者凡若干事。小者凡若干事。惟新者定大志。結大力。批艱排險。百折不回。任舊者之如何抵抗。曾不顧之。卒之善者無不伸。不善者無不屈。此亦理之自然者也。所虞者立志不堅。定力不卓。一遇衝突。遂目眩神迷。所志不償。墮於中途。讀世界歷史。國家當改革之初。往往有是。最可惜。亦最宜慎者也。

貴族院議員伊澤脩二氏談片

吳振麟錄

伊澤氏問曰近日閱報。稱述閣下遍訪名家。叩愛國心之說。所聞必多。以何者論議爲最愜尊意。

答之曰愛國心之說却多。往往說未透闢。講養成之方。亦有謂以忠孝爲主者。我國今日學子。未嘗不教忠教孝。而愛國心未見勃然起也。君教育學之研究已深。諒有心得。盍爲我言之。

伊澤氏曰愛國心之問題甚大。烏敢妄言。既承下問。敢就生平閱歷之境。得之所覺悟者言之。愛國心之最足以奮起者。莫過於常將敵人懸於前後左右之間。昔西洋人嘗詆我日本土地之小之貧。必爲人屬國。爲人奴隸。又極口誚我風俗人情之野蠻。未嘗不深夜徬徨。務思如何而後不爲屬國。不爲奴隸。不爲野蠻。豈唯鄙人作如是想。吾之同胞。何人不作如是想。憶自鄙人美西負笈以歸。而愛國心增進之猛。不知幾什伯倍於疇昔者矣。

又曰貴國當多遣留學生出洋。無論英法德美及敝邦。皆能獲益。若官吏遊歷各國。亦無不受益。若得親貴出遊。歸而能進言於皇室。其効尤捷。頃見報紙載　上諭奬勵歐美留學生。未始非振貝子歸述之驗。向述鄙人自美洲遊學歸來。增進愛國心。不知若干倍。貴國之留學生。將來增進愛國心。當亦不知幾千百倍者。此無相異者也。雖然。若留學生。若遊歷官員。限於人數。囿於經費。所謂增殖愛國心者。猶以不能普及全國爲憾愛國心非普及全國則不可欲普及全國仍非假學校爲養成之機關則不可養成之方法維何第一爲現實之養成法譬如普法之戰法爲普敗失地千里後法國之小學校授地圖時將所失之地方一一注以顏色指謂學童曰此何地也法地也爲普人所奪者汝輩將來不取歸非丈夫也厥後法人果能報復而取還其失地此種教授法最易觸動人之愛國心在幼童時天性爛然尤觸動而不能已（今日本小學校中尙以元寇油繪圖指示學童有自西伯利亞歸者言俄羅斯小學校中繪俄遊皇歷日本時爲日人鎗刺油繪圖授學童(記者識)）養成愛國心之法莫善於此矣雖然此猶如急性葯能使人驟起於一時者尤宜進以緩性葯使之浸潤而俱化其法維何則歷史之養成法是也大凡起人民忠君愛

國之心。宣布朝廷之德意。足以沁人心脾者。如敝邦則有教育勅語若干條。間嘗考　清朝龍興以來。種種　聖諭如順治康熙間之　上諭十六條。皆足爲教育勅語者。竊擬以此十六條爲經。羅列東西事實爲緯。編成教科書。授諸小學。或爲緩性葯之一助乎。

又曰。欲養成國民愛國心。須有以統一之。統一維何。語言是也。語言之不一。公同之不便。團體之多碍。種種爲害。不可悉數。察貴國今日之時勢。統一語言。尤其亟亟者。

答。統一語言。誠哉其急。然學堂中科目已嫌其多。復增一科。其如之何。

伊澤氏曰。甯棄他科而增國語。前世紀人猶不知國語之爲重。知其爲重者猶今世紀之新發明爲其足以助團體之凝結增長愛國心也就歐羅巴各國而論今日愛國心之最强者莫德意志若然德意志本分多少小國語言自不相同斯時也彼自彼我自我團體之不結國勢之零落歷史中猶歷歷如繪也既而德王維廉起知欲振國勢非統一聯邦則不足以躋於盛壯欲統一聯邦非先一語言則不足以鼓其同氣方針既定語言一致國勢亦日臻强盛歐羅巴各國中愛國心之薄弱殆莫如墺大利匈牙利之共同國全國國種不一自然語言不齊莫知改良之方政治風俗在在見參互錯綜之狀甚至陸軍不受政府之駕馭騷亂之擧曷其有極傍觀者時切杞憂謂墺匈之恐不國也此皆語

言不統一之國。一則由不統一以致統一。其強盛有如德國。一則本不統一而不知改爲統一。其紊亂有如墺匈合國。成績攸分。似足爲貴邦前車之鑒矣。

答語言之急宜統一。誠深切著明矣。敝國知之者少。尚視爲不急之務。尤恐習之者大費時日也。

伊澤氏曰。苟使朝廷剴切誥誡。以示語言統一之急。著爲法令。誰不遵從。尊意大費時日一節。正不必慮。即如僕信州人。此阿多君（時席上此有人）薩摩人。卅年前對面不能通姓名。殆如貴國福建廣東人之見北京人也。然今日僕與阿多君語言已無少差異。敝國語言之最相懸殊者推薩摩。

初建師範學校時，募薩摩人入學，俾其歸而改良語言。今年春，僕曾遊薩摩，見學生之設立普通語研究會者，到處皆是。所謂普通語者，即東京語也。故現在薩摩人，殆無不曉東京語者。以本國人而學本國語，究不十分爲難。況乎今日學理之發明，啞者尚能教之以操語言。況非啞者乎。惟不試行之爲患耳。苟其行之，假以歲月，其効顯著。於齊魯閩粵之間，可操券決也。

阿多君曰：昔琉球風俗語言，全然不同。及彼處設立小學校，凡學童六歲至九歲，必授以普通語言，是爲國語。故現在琉球之年老者，或不能盡解東京語言。其在年少之士，無不圓熟。此亦統一語言不難之一證也。

貴族院議員男爵加藤弘之氏談片

吳振麟錄

加藤氏曰。吾於貴國事。初未研究。故不甚了了。深恐言之未當。茲承辱臨。姑言我本邦開化之小史而已。日本文明之起源。萌蘖於三百年前。自美人叩關。啓釁長崎。爲吾邦人動盪覺悟之基。蓋養全國之智識。究以普通學爲先。下走常研究於斯。尤以文學理學爲斷。文學所包甚廣。以歷史占大部分。喚醒癡人。鑑戒萬古。裨益後來。厥効匪尠。世人詆爲空文。決非碻論。理學則析造化之奧蘊。闢天地之秘藏。最足以析人之疑。亦最足以堅人之信。歐美各國之富强。未始非理學之所致也。以貴國三千年之文明。文學一事。由來爭長他國。於今加之提倡。以人人思想中本有之歷史。自不難反求即是。光耀前人。理學一事爲貴國人人頭腦中所未有。向所未有之物。而注之使入自匪易事。且理學精妙。在歐美日進月盛。愈造其極。升堂而入室。徜徉戶外者。急起直追。何時方能及乎。與言及此。誰無難色。雖然亡羊補牢。或未爲晚。嘗讀貴國書籍中巫醫並稱。巫者虛妄不經。醫者積種種學理以成之者。兩者天壤睽隔。烏得相提並論。此亦無理學思想之一證。苟稍解理學。鮮有不能辨別者也。故常人之宜知普通學。迫如水火菽粟之不容須臾緩也。

辻新次氏談片

吳振麟錄

維新之初.承德川幕府之末.教育之事.無所統屬.各藩得自由設立學校.至明治四年.始廢藩置縣.是年文部省亦設立.先是學制未定.各藩之外.學事大都由大學司之.至是乃統一於文部省.各藩所立學校.全廢.由文部省頒發學制.規定學區.分爲三種.(一)大學區(二)中學區(三)小學區.創始之際.大學中學設立者甚少.最注重者.惟小學而已.小學經費.由各學區(即各町村)擔任之.而由文部省每年給補助金.自百万圓至七十万圓有餘.各學區所擔任之經費.並非因新立學校乃籌經費.即前此各藩所立學校之基本金也.當時各藩教育.固非必盛.然基本金則甚充足.文部省立.乃全收其所有.而分配之.故當時經費之事.不甚爲

難。一轉移之間而已。其不足者。仍由各町村(即各學區)擔任。著爲定例。今爲貴國計。當亦可用此法。現今興辦教育。誠爲創始之事。然貴國前此所有教育之費。僕雖不得其詳。即舉一二例言之。如試院科舉等費。決非少額。宜總計其所有。然後規定學區而分配之。雖不盡足。然大致當可支持。再由政府設法補助。不甚難矣。

右答經費事

創學之初。最難得者爲教員。東亞諸國。從古無專養教員之學校。大都以才學優等者充之。無所謂師範學校。師範學校惟歐美有之。日本自明治五年。始依美人斯各所定。設立師範學校。專爲養成教員之用。誠以教員爲教育之母。欲興教育。非先造就教員不可。造就之法。創辦時。宜用官費。招有志者就學。年限務求其短。半年亦可。一年亦可。兩三年後始可稍求完全辦法。凡卒業者以官費。故必使之當義務教員。其年限視在學之長短爲率。不數年。小學教員當可充足矣。

右答教員事

凡興辦一事爲其國本來所無者。新舊兩派之衝突必甚。此無法可免。日本之所以能至今日之情形者。亦幾經頓挫。然賴政府全力維持。故得以不墜。今貴國欲興教育。僕意政府宜大發號令。申明改革之宗旨。使全國震動。其反對甚者。則以政府之力壓抑之。不使得志。然後教育之事。始能著手。否則一起一覆。風波不定。將爲進路之大阻也。

右答新舊衝突之事

大槪如電問答

問教育之法。全用歐學。似盡棄漢文。亦未免過甚。敝國今開辦學堂。不能全廢本國舊學。但歐洲科學已多。再加本國舊學。學童無此腦力。若删減漢字。即與貴國無異。將來能漢文者亦少。若删減西學。若何删法。又漢學讀書。必須倍誦。緣經史文理過深。不如是不能成誦。殊無益處。若倍誦溫習。不能與西學同時幷講。且恐欲求兩全。轉致兩失。如何而可。

答現在學制．除小學外．他學皆修漢文．我國竟不能棄漢文也．夫國史以下．皆由漢文傳之．盡棄漢文．前言往事．何以究之．只欲棄無用文字耳．歐學又只行之中學大學．如小學．不過授羅馬數字及橫文二十六字．雖曰學童腦力不堪．其不堪者．在科學複雜者耳．設科目者．宜深省也．至貴邦舊學．其可棄者頗多．如科舉重八股．却是徒費腦力．明太祖曾禁之．聞貴朝　聖祖亦停之．然而舊染積習．用力駢儷．所謂無益世道人心者．今而不廢．恐不能新人智識也．貴邦新設學堂．宜斟酌內外．以定教科．法學有大有小．如鄉黌所授．不用歐洲科學為可．試陳大畧如左．

德行第一　儒教爲本。自誠意正心訖修身齊家。而仁義忠信。皆對人可行者。方今與五方人交。此四者最須涵養。如習業法。口授心受。不必盡依典籍。

地理第二　不問內外。不論東西。舟車所通。品物所產。及風俗政刑。可指示輿圖。以存之記憶。著眼欲大。謀事欲審。此科宜少參取西法。

文章第三　不善文辭。不可述志傳意。

書數第四　字畫必正。運筆必捷。行草諸體須兼習。世界萬有。不離數理。算數實諸學所基。但童蒙當用尋常算盤。

漢字删減。是余多年所志。明治五年。余奉職文部。實始爲之。當時大木伯為文部卿。夙有見于此。辟余及田中義廉從事。田中尋去。余獨當之。十閱月而成。蓋漢字可充我用者。千餘字。及本國所造字若干皆收之。但稿成日。大木伯既轉官。余亦尋罷去。回顧既三十年。自笑徒勞。世謂漢字夥多。不堪煩累。然漢字一字為一言。言語與時變移。文字從有死生。是自然之理。康熙字典所收。十餘萬字。細檢之。今日所用止三四千。他皆死不再蘇者。何須新刪。今夫轉用數千言顯出幾千萬語。如是觀之。漢字之功亦偉矣。若西學刪法。不可不大注意。先生此語大强人意。西學可採者。算數物理醫療機工。此四學宜全用。如醫學。貴邦目下急務。一日不可忽之。但法律經濟。可供參照。不必全依。凡百般學術必須

倍誦溫習。豈獨經史。其有益無益。畢竟在採擇當否。其欲求兩全。轉致

兩失之語。卓見確論。我國殆致兩失。貴邦必當求兩全也。

東京府中學校長勝浦鞆雄第一次來書

承貴囑擬定中學教課表有宜仰詢者。

一　小學年數幾何。

二　中學年數。與我邦制。均爲五學年乎。

三　去日蒙貴諭。新製省筆字四十九母。十五喉音。用諸小學。則貴國

必需之文字。四五千字者。自入中學者。始教習之乎。果然則一學年三

十五週中。以每週七時。即三百四十五時。充教習國語之時可也。五學

年通爲一千二百二十五時以此一千二百有餘時應能得通曉必需之四千文字矣乎貴見果何如

四　中學教課中設英語科否

五　從貴諭則似不設高等學校直以中學爲入大學階梯者果然則貴大學之課程一用貴國語而不由外國之書乎若由外國之書則中學應教習外國語非增加學年則不得以爲大學階梯縮少學年則子弟之學力不得不減或以中學爲七學年乎貴見何如

此五件幸賜回答

勝浦鞆雄第二次來書

擬定中學堂學科及每週教授時間配表

學科＼學年	一年級	二年級	三年級	四年級	五年級	五學年時數合計
修身	二時	二時	二時	二時	二時	十時
邦語文	八時	八時	七時	七時	七時	三十七時
外國語	六時	六時	六時	六時	六時	三十時
歷史	二時	二時	二時	二時	二時	十時
地理	二時	二時	二時	二時	一時	九時
數學	四時	四時	五時	五時	五時	二十三時
博物	二時	二時	二時	一時	一時	八時
物理化學	—	—	—	三時	四時	七時
圖畫	一時	一時	一時	一時	一時	五時
體操	三時	三時	三時	三時	三時	十五時
合計	三十時	三十時	三十時	三十二時	三十二時	百五十四時

修身　弊邦教習此課。每週用一時。說明平日實踐諸件。令解對家族社會國家等義務。與所謂倫理學之一斑。貴邦則比弊邦事端稍多。本孔孟遺經。以教應用諸事。每週二時充之。若夫教授之方法。與定將來倫理之基本。今不必贅。

邦語邦文　貴邦語文所用字數。姑定爲四千字。自小學授之。以至中學。二年至三年若五年。少修古代語文。加之習字作文之科。皆于此時數中課之。故通全學年。以三十七時充之。未知足否。且節略貴國所用字數。以開除繁就簡之路。此際亦宜考究。蓋方今之急務也。

外國語　自西人用汽電之力。以發明創造之功。五洲之交通如比鄰。將來世界列國之勢力。皆將用諸東亞之野。然則東洋之國民。欲立中等以上之地位。必不可不解外國語文。況於入大學堂而究西歐傳來之書乎。曩承貴諭。通外國語之要。不獨一英語。雖然人力有限。以一人之身。兼修數國之語文。固必不可。在一中學。而教授數國之語文。亦難實行。獨世界中流行最廣者爲英語。爲中等教育必需之科目。亦最急之務也。今一週中。割六時以充外國語教授之用。但志于大學堂醫科法科者。易以獨語。爲他日之豫備可也。倘若依貴諭。習外國語。專任學徒之所便。不獨國民志氣不能統一。抑恐不能應時局之必需。請幸再思。

歷史　敝邦學制。歷史地理之外。更有法制經濟一科。而今改之歷史一科一週八時。試擧各年級之要目如下。蓋一年級則教習古初以來至宋朝大要。二年級則明以後至　國朝龍興大略。（至東方諸國之略史）則於其所關係條下便宜說明之。在三年四年兩級。則授世界列國史之大要。待五年級智識稍進。而授之以　國朝之歷史。與現行制度之大要。如此則亦可矣。惟修身邦語歷史地理之科。則於國民教養之道。皆可以發揮忠君愛國之精神者。其所關係決非鮮少也。

地理　此科比敝邦之制而時數加多者。欲爲他日入大學堂者。令解地質學之基礎也。其各年級之要目。一年級則教習內國之地理。二年級則內國之西北境。及亞細亞之大略。自三年級至四年級之前半。則世界地理之大要。自其後半涉五年級。則教習地文地質之大要。然而自一年級至四年級。教習之方法。則加意於人文地理。使學徒知世界列國之現勢。與本國於世界之資格。

數學　此科亦比敝邦時數稍加。因從貴諭。減去高等學堂。自中學堂直入大學堂爲準也。各年級之要目。一年級則算術。二三年級則代數及幾何。四年級則幾何及三角術。五年級則三角術及解析幾何之要是也。

博物　使學徒觀察天然之事物。以備普通之智識。解人類及動植諸物相關係者。舉其要目則植物動物鑛物。及人體之搆成。衞生之大要是也。

理化　使學徒觀自然之現象。以養普通之智識。知萬物相通之定律。及其所以與人生相關係者。其要目則物理化學之現象定律。及器械之搆造作用。與元素化合物之大要是也。

圖畫　練磨精妙觀察之能力。啓發優美之觀念。其目有二。自在畫及用器畫是也。今所定者。比弊邦之制。時數亦稍如多。以此科關高等教育者頗大也。

體操　關身體諸部之發育.養壯快剛毅之精神.且使遵規律.尙協同之習慣.其要目爲普通式及兵式二種.缺一不可.

右十科目.爲中學堂所課學科.今取各學科每週教習時數.與教習總時數.以百分率算法.大約比較之.以示其畧.

凡修本國固有之學.爲修身邦語邦文.其教習時數.百分中約三十.

通世界各國之言語事情.應時局之必需者.爲外國語.其時數約十九.

通中外之變遷推移.與世界列國之大勢.併得地文地質之智識者.爲歷史及地理.其時數約十二.

應會計測量諸般之務.且以定各種學術之根柢者.爲數學科.其時數

約十五．

通自然科學之大要者．爲博物物理化學．其時數約十．

養事物表象之能力．與優美之感情者．爲圖畫．其時數約三．

養剛健之身體．與精神．且以得規律嚴正之習慣者．爲體操科．其時數約十．

右十科目中．數學博物物理化學四者．古來東方國人之未曾考究者．而今日之時局．萬不可忽者也．貴諭稱此種之學科爲西學．恐誤．是唯經西人之考究以明于世．耳其理則天地固有之理．而世界萬國之所通有．決非西人之宜私者也．是故貴邦學堂教習之．則貴邦之學也．倘單稱之西學。則恐致貴邦人有疎斥此等學科之心。此事雖似末節。當學堂施設之初。最要考慮者也。

來書云。敝邦中學科目過多。故欲減去之。愚惟苟欲應世運之進步。以養中等以上之國民者。右十科目中。決不可缺其一。倘論其必需。則猶增加之亦可也。唯學徒之腦力有限。故寧俯就之以爲十科目耳。而至敎習之程度及方法。則亦頗要斟酌加減之。以殺學徒之苦難。

來諭又云。學科每週唯用一時。似無實益。然凡人性之接受外物也。其浸潤之久。遂能形實質於其中。若彼一時暴收者。不啻所得之脆弱。未有能永遠繼續之者。況甲科所得之智識。與乙科所得之智識復常相發明以映心性之中乎。故以別異數科目排置于一週中。以使學徒得併進共達之便者。固爲必要之事。單曰一週一時。則雖如甚少。通算之一學年。則積爲三十餘時。其間所得成績。蓋亦有大可觀者。請諒之。

勝浦鞆雄第三次來書

再議定中學堂學科及每週時間配當表

學科＼學年	一年級	二年級	三年級	四年級	五年級	五年間總時數	百分比
修身	二時	二時	二時	二時	二時	十時	三十三、九
邦語邦文	九時	九時	九時	八時	八時	四十三時	
外國語	六時	六時	六時	六時	六時	三十時	十九、二
歷史地理	三時{二時 一時}	三時{二時 一時}	三時{二時 一時}	三時{二時 一時}	三時{二時 一時}	十五時	九、六

數學	四時	四時	五時	五時	五時	二十二時	十四、一
自然化學	二時	二時	四時	四時	五時	十六時	十、三
圖畫	一時	一時	一時	一時	一時	五時	二、二
體操	三時	三時	三時	三時	三時	十五時	九、六
計	三十時	三十時	三十一時	三十二時	三十三時	一百五十六時	

昨呈中學堂學科及每週時數配置表。尋思貴邦學制。方屬剏始之際。故表中所揭。或嫌學科過多。且貴邦語文教習時數。亦恐或有不足。因更試別定。以資參照。其改定如左。

邦語邦文科。增至一週通計六時。

地理科。減至通計四時。

數學科減至通計一時。

博物物理化學三科合一。改稱自然化學。增至通計一時。

三學年級一週時數。增至通計一時

改定時數如此。其所課要目。亦不免少有所更訂。而邦語邦文者。姑置不論。就他學科而言之。如左。

地理科止教天然地理。與人文地理之大要。地文地質移之自然化學中爲便。

在自然化學。則就事物之重要者。而教示其定律關係構造作用等。都以應日用實務爲主。舉其要目。則一年級爲植物。二年級爲

動物之大要。三年級。續前級所授。兼教人身生理及衛生之大要
自四年級涉五年級。則爲化學物理之大要。且示礦物地質地文
之概畧。
前譜所擧百分率。亦稍事變更。故記之表中下欄。以便通覽。請以對比
時數之輕重。
一週教習總時數。比之弊邦。則各年級皆稍加多。是無他。知貴邦人之
體質健康。而能堪難事。有踰弊邦人者也。
東京大學教授法學博士高橋作衛來書
竊謂游歷他邦。觀其制度。宜採其長。捨其短。取捨而得其中。各國人情

風俗不同。習慣成風。不是之思。而漫採他邦之制。則枘鑿不容矣。今貴邦採他邦之制。宜體本國國風而決取捨。方能效績顯著。不致徒勞無效。辱承諮問。謹陳愚見七條。幸垂明察而決採擇。幸甚。

第一。宜定教育方針

一國興學。教導子弟。苟不定嚮往之目的。何以能舉事。徒驅全國幼年皆入學校。以爲畢乃事者。豈知教育之道哉。夫人有常心。則臨事不爲利慾所惑。有常識。則能排艱難。能操藝術。則建業奏績。富國潤身。蓋教育之目的。在兼備此三者。歐美諸國教育大家之說。皆曰常心與常識。不可不養之于素也。又曰格物致知之道。不可不講也。然察各國實情。

不免咸有所偏。英國教育方針。在養材幹。故不強以學術。任其自由。若中等以上之民。往往有不使幼兒入小學。自聘良保母以保育之。長而使之入中學。造大學。不獨專心於技藝。且以健壯其身體。達其養材幹之主義焉。德法教育方針則異是。小學中學制度極嚴。其大學專修學術。其制與俄邦酷似。德人鮑爾森 Paulsen 著德逸大學論。曰。究學理蘊奧。竝講其適用之術。是德國大學之方針也。至英國則以養材幹爲第一義。若夫俄邦教育方針。未必一貫。識者以爲憾。如大學教育主義極模糊。其大學令曰。帝國大學者。研究學術。兼養有用之材。若以學術爲第一義。以養材爲第二義者。其實專以讀書修業爲急務。不復顧養材幹。教官與子弟。相遇如路人。竊惟貴邦　康熙皇朝以來。多出碩儒。博覽强記。學主考證。孜孜矻矻。殫全力於圖書之間。以終一世。學風如斯。而有爲之氣漸銷。貴邦之所憂。蓋不在乏學者。而在乏材幹之士。宜一變學風。採英國方針。以養成材幹之士。爲第一義也。

第二　宜以孔道爲學生修德之基。

英國大學皆設基督教會堂於黌內。康倍而其 Canbridge 二十餘黌。蛙克斯福而特 Cxford 二十餘黌。莫不皆然。爲一週一回必使學生入教會堂禮拜聽教。若夫篤志之徒。朝夕得入。蓋英國大學修德之法。依宗教也。歐美諸大學多採此制。徵之古史。中世歐洲騷亂多事。兵戰頻煩。

文學疲弊。斯時也。未有學者。獨僧侶能解古學。後騷亂漸平。天下思治。於是文學漸起。就僧侶而學者擔笈於道矣。昔之教會者。一變而爲學校。學徒漸多。教會增廣基址。遂成大學。自今日以溯第十二世紀。英國大學之源。實在教會。故今日英國諸大學長多選自僧官。歷史之由來如是。以宗教爲修德之基。固其所矣。然此制不得施於弊邦。弊邦學生。信教之觀念甚薄。大凡宗教以信爲基。苟無信便無宗教。故欲採宗教爲日本學生修德之基。不啻緣木求魚。惟我邦有一事卓出于萬邦。則我　皇統一系。萬葉德澤浸入民心。四千万衆庶仰望　我皇如天如日。鳳詔一下。莫不遵從。是以本邦學生。修德之基。一憑勅語爲依歸。竊謂貴邦有孔子教。此教至明至大。不落空遠。不陷奇怪。而旨深理玄。誠人生良訓也。孔子生于貴邦。爾來數千年。教旨漸入人心。信以爲世界無二之道。猶西人信西教。是實足採以爲貴邦學生修德之基。宜設大講堂於大學。聘碩儒演講。使學生集聞其說。猶如歐美諸大學。使學生每週一回。入教室行禮拜也。雖然貴國今日士大夫亦莫不聲稱孔道。但所謂孔道者。不徒在口稱。尤重在躬行也。下走幼時在家庭受孔教。後游歐美諸國。親睹西教徒所爲。以彼例此。發大覺悟。竊案西教重實利。貴獨立自主。其弊往往陷於利己。譬如老者罹病。則爲子弟者聘醫師。傭婦女使之看護治療。固其宜也。耶教者曰。有金則能聘醫師傭婦女其所賴一在金錢長兄破產弟則袖手傍觀不爲之救濟耶教者曰彼破產自招其禍耳夫死則其妻再醮耶教者曰何足異西教書中常載記長兄亡而其妻嫁次弟次弟死嫁三弟至五六弟而無嫌要之西教之旨在獨立自主而不顧他此心雖微竟能致歐美今日之富强而其誠不免陷於殘酷不仁也若夫孔教則曰父慈子孝兄弟相愛夫妻相和其所主在彼此相扶其弊往往失獨立自主之精神舜父不仁然舜能事之君子以爲孝曰父雖不父子則不可不子殷紂暴戾比干諫死君子以爲忠曰君雖不君臣則不可不臣蓋就舜與比干論之則此二人者忠孝無比矣然爲君父者若一逞其暴戾恣睢之氣而假此

教責忠與孝於臣子．復縱其辭曰．父雖不父．子則不可不子．君雖不君．臣則不可不臣．則是誤孔道之旨甚矣．而後世人士往往誤之．又為長兄放縱破產．而責其弟曰．兄弟相扶古道也．爾宜助我．不計獨立直進．而顧待扶助．不扶助則詆以為不仁．其心之卑屈陋劣．學孔道而誤者．其弊往往若此．今貴國振興學制．固宜以孔教為養德之基．然若不研究孔道之眞諦．則道德之觀念未固．而獨立之確心已消．流弊所極．振國家之衰運則不足．害人道之進步則有餘．殊非鄙人崇拜孔道之旨也．

第三．　宜禁讀稗官小說談豪俠事蹟

天下一日不可無常識之人。若豪傑之士。實非所急。蓋其資天生。不教而能卓出。那破侖不成名于鄉學。比士馬克在辯聽鏗恩。Göttingen 受狂暴之名。現時英國查氏抱不世出之才。而不學無藝。鄙人嘗游德國。過辯聽鏗恩。見一小廬于市外。陋屋隘苑。臨水傍堤。一見如牢獄。說者曰。是大學幽比公處。蓋比公在大學。事爭鬭亂。校規落拓不羈。往往爲狂態。是以大學放之於市外也。其少時若此。而能成大業如彼。全出其天資。今無比公之資。而學其素行。有害無益。大凡教育之目的。不在養豪傑。在養常識之士也。按貴國人士喜豪俠之譚。是以三國史漢楚軍談。及傳記小說。多說豪俠不羈磊落以爲多焉。讀之則快。而擾亂少年之心。決非少矣。古人曰浸潤之譖。膚受之訴。能傷君主之明。下走曰。豪傑任俠之譚。破世道人心甚大。爲徵之實事。敝邦子弟中道挫折者。多好任俠之譚。蓋是等子弟。出鄉關則歌曰。不能成志業則不再歸。其志極壯。然好爲異行。疎豪自喜。甚至抗上以爲剛。蔑長以爲強。眼無官憲。反理庇惡。而其中未必剛毅。慾情亂內則流連荒亡。豪俠之譚。貽誤青年。其跡極明。蓋此等小說。能警醒懶惰半眠之徒。鼓舞猛進果敢之氣。以啓激成豪傑之機。然天生豪傑。百年而一二人而已。今望一二於千百。以誤一世之青年。非策之得者也。故曰。貴邦振興敎政。宜嚴禁學生談豪俠之譚。

第四。宜禁學徒刻苦勉學消其銳氣。

泰西諸大學生。年齒二十四五。能卒其業。日本則否。二十七八歲始卒大學。美國教育家曰。學生年過二十三四。則消其銳氣。Report of the Commissioner of Education of 1899. 鮑爾森曰。子弟在大學。乃其一生最樂之時。其期不可過長。二十乃至二十五。最爲適宜。按秦始皇嘗燒經書坑書生。暴則暴矣。然不足以爲憂。使書生苦讀萬卷之書。消少壯之年月與其銳進氣象。是實爲可憂。日本大學業繁課多。學生不堪其煩。近年學生英氣漸衰。有爲之才能減。誠爲可憂。今貴國起大學。宜以儆邦爲龜鑑。不蹈前車之轍也。

第五．宜省不急之科．

日本大學多不急之課．如法科大學．外交史與政治史重複．國際私法與民法法例及國際公法重複．國法學與憲法．行政法尤爲重複．今擬貴國大學法科．宜置以下諸學科．一．政治學．二．法學通論．三．清國法制沿革．（自唐六典至明律綱領大清律令）四．歐美政治史．五．國際公法．六．法制沿革．七．財產法．親族相續法．八．國法學．九．刑法論．十．經濟汎論．十一．經濟學歷史．十二．貨幣信用．銀行論．十三．租稅論．歲計豫算論．（如商法．訴訟法．隨次加之）

第六．宜設置合宿館養學生風習

大凡涵養學生良習育成一校美風無善於合宿館者蓬生麻中不扶自直案英國蛙克斯福而特竝康倍而其大學皆四十餘黌而今細檢其制度此四十餘黌其實學生合宿館也大黌宿學生三四百小黌宿五六十一學生領二室其一爲讀書接客其一爲更衣寢眠儼然成一家時時牽儔結侶談文論武猶如人家往來以學處世之法各黌又設數講堂敎二三科目他黌亦然合爲數十科目各黌學生得隨意選擇入他黌而聽講義譬之猶數十家各設一敎室或敎文學或講道義各家子弟隨意入他家而聽敎今此數十家名以一大學若就其內部觀之則非大學而爲學生合處之所耳此等合處之所各有其長或出大

詩人或出大學者或出碩德之士且夫英人重有恒不喜更易若其父入甲黌不喜使其子別入乙黌故往往父子相繼同室壁頭題字窓底留痕一一在目使爲子者不啻親見父祖苦學之狀若曰是家祖父講學處兒何得不勉勵是以校規極寬而子弟自能不脫常規良習愈熟是實英國合宿館之卓絕于他邦也蓋英國大學多經年所次第進步以臻於盡善盡美他邦新興大學急欲承習此風不可企及也唯其合宿制度則可採以爲各國大學之模範敝邦大學曾設寄宿舍而今廢矣識者以爲遺憾唯高等學校有合宿所組織甚佳學長則示以主義數大端其他細規一任學生自定即於學生中選擧幹事輪流値換全

舍庶務與食事學生皆自監督是以事無大小學生自負其責治績極良竊謂此制尤宜採以爲貴邦合宿館之模範焉本邦高等學校設寄宿舍久養學風質朴淳厚其制甚佳故言學風首推高等學校然自教育系統上言之則所謂高等學校者可以無須設置卒業中學則直入大學足矣

第七 宜講格物致知之學

封建之制久行於敝邦武士食祿不耕而食不織而衣大凡殖產興業委之農工商賈士視金錢如糞土而不屑爲之計蓋當時治亂無常一朝有事武人舉致其身視生命猶鴻毛加之德川氏專奬勵孔孟朱氏之學童兒八九歲讀書先自四書始道義之學漸盛而格物致知之學逐日衰落中等以上之民開口則曰天下國家而不知天地爲圓坤輿

長轉者比比然也甚至不知分釐合爲錢兩數理之念全空者竊惟貴
邦人今日尙有此弊蓋孔孟以來數千年人講道德文藝無形之學次
第振起其美其妙或有駕歐美而上之者所惜者格物數理之學比之
泰西猶幼童之於巨人萌蘖之于松柏也敝邦深有猛悟上下一心學
泰西之學究數理格物之藝術貴邦現將大興學政正宜及時補救究
心於格物致知之學焉

明治三十五年十月十三日印刷
明治三十五年十月十七日發行

定價金壹圓五拾錢

著者　清國　吳汝綸

發行兼印刷者　龜井忠一
日本東京市神田區裏神保町一番地

發行所　三省堂書店
日本東京市神田區裏神保町一番地

印刷所　三省堂印刷部
日本東京市神田區三崎町河岸十二號